wortschatz

Appenzeller Kircheninschriften
neu gelesen

500 Jahre Reformation
1524 – 2024

wortschatz

Appenzeller Kircheninschriften neu gelesen

Appenzeller Verlag

Inhaltsverzeichnis

Hinweis zu den Bibelzitaten

Die Bibelzitate können je nach verwendeter Bibelübersetzung anders lauten.

Geleitwort

Vielfältig reformiert

«Dein Wort ist meines Fusses Leuchte und ein Licht auf meinem Weg.» Dieser Bibelvers aus Psalm 119 steht in der Kirche im Ort, in dem ich aufgewachsen bin. Ich weiss nicht, wie viele Male ich ihn gelesen habe. Vielleicht hundertmal, vielleicht tausendmal. Dieser Bibelvers lenkte mich ab, wenn es mir im Gottesdienst langweilig war oder wenn ich auf meinen Einsatz im Krippenspiel wartete. Er inspirierte mich, als ich mit meinem Mann den Ablauf unserer Hochzeit durchging. Und er tröstet mich, wenn ich mit anderen Menschen zusammen während einer Beerdigung an den verstorbenen Menschen denke. Dieser Psalmvers begleitet mich.

Erinnern Sie sich an einen Bibelspruch, den Sie in einer – in Ihrer – Kirche gelesen haben? Häufig stehen diese Verse vorne an der Wand und sind kunstvoll geschrieben und verziert.

Die Bibelverse zeigen etwas vom Selbstverständnis einer Kirchgemeinde. Irgendwann haben die Verantwortlichen für den Um- oder Neubau des Kirchengebäudes aus den rund 31 000 Versen der Bibel genau diesen einen Spruch ausgewählt. Es ist also kein Zufall, was da steht. In diesen Versen wird etwas sichtbar davon, wie sich die Kirchgemeinde versteht, was ihr wichtig ist und was ihren gemeinsamen Glauben prägt. Diese Verse sind Teil der Identität einer Kirchgemeinde.

Sie halten einen Sammelband zum Reformationsjubiläum 1524–2024 in den beiden Appenzeller Kantonen in den Händen. Aus allen siebzehn Kirchgemeinden und allen zwanzig Kirchengebäuden finden Sie Bibelverse in den Kirchen oder an den Glocken. Dieser «Wortschatz» trägt reformiertes Appenzeller Selbstverständnis zusammen.

Vielen Dank den Verantwortlichen für die Idee und die Umsetzung der Jubiläumsschrift! Und Ihnen viel Freude beim Lesen.

Martina Tapernoux-Tanner
Kirchenratspräsidentin der Evangelisch-reformierten Landeskirche beider Appenzell

Vorwort

500 Jahre Reformation im Appenzellerland 1524–2024

Fünf Jahre nach Luthers Thesenanschlag wurden die reformatorischen Ideen auch im Appenzellerland öffentlich wirksam. Ein entsprechender Beleg ist die Heirat des Herisauer Priesters Johannes Dörig im Sommer 1522. Dieser ungehorsame Akt kam einem Bekenntnis zur Reformation gleich. Dörig war ein begeisterter Lutheranhänger. In einem Brief an Joachim von Watt, genannt Vadian, schreibt Dörig, man müsse denken und handeln wie Luther, also Gott mehr gehorchen als dem Papst und nur auf Gottes Worte hören, so wie sie in der Bibel dokumentiert sind. Martin Luther hatte 1520 für die Abschaffung des Zölibats plädiert. Die Reformationsbewegten von damals liessen in Bezug auf Kirche, Theologie und Glauben nur gelten, was sich mit der Heiligen Schrift begründen liess.

Die zunehmend hitzig geführte Auseinandersetzung über das rechte Glaubensverständnis veranlasste den Rat in Appenzell im Herbst 1523 die schriftgemässe Predigt anzuordnen, das hiess, es durfte nur noch verkündet werden, was mit der Bibel übereinstimmte. Im Frühjahr 1524 hiess die Landsgemeinde die Anordnung des Rates gut. Damit war das Tor zur Reformation im damals noch ungeteilten Appenzellerland aufgestossen.

Seither hat sich die Gestalt der reformierten Kirche mehrfach verändert. Geblieben ist die Orientierung an der befreienden Urkunde, am Evangelium. Als Ausdruck von diesem schriftbasierten Glaubensverständnis finden sich bis heute in allen evangelisch-reformierten Kirchen im Appenzellerland biblische Inschriften. Sie zeigen sich über Portalen, auf Ecksteinen, an Innenwänden, auf Abendmahlstischen, an Kanzeln, auf Orgelprospekten oder auf Glocken. Die Bibelverse wirken als stille oder klingende Kundgabe des Glaubens; sie sind Identitätsmarker, Zierde und Sinnspruch in einem. Zusammen bilden sie eine Art Kompendium zentraler christlicher Glaubensinhalte aus evangelisch-reformierter Perspektive. Die Sprüche stellen aber auch einen kulturellen Wortschatz dar, dessen Inhalt das Selbstverständnis, die Lebensführung und den Hoffnungshorizont der Appenzellerinnen und Appenzeller über Jahrhunderte tief geprägt hat.

In manchen Kirchen finden sich auch bildliche Darstellungen von biblischen Inhalten, trotz der reformierten Zurückhaltung gegenüber Bildern in Kirchenräumen. Sie leuchten auf Kirchenfenstern oder sind als Decken- oder Wandgemälde gestaltet. Auch diese «Bildworte» werden berücksichtigt.

Bei der Auswahl der Inschriften und Bilder war massgebend, dass alle Kirchen im Buch vertreten sind und dass inhaltlich ein möglichst breites Spektrum abgedeckt ist. Letzteres hat zur Folge, dass einzelne Kirchen mehrfach vorkommen.

Dreissig Autorinnen und Autoren mit und ohne Bezug zum Appenzellerland deuten die Bibelverse und Bilder neu. Die grosse Zahl und Vielfalt von Schreibenden sind eine Referenz an die Vielstimmigkeit der evangelischen Tradition sowie an die Tatsache, dass unsere Kirche seit 500 Jahren durch Impulse von aussen inspiriert und bereichert wird.

Meine sieben kurzen Kapiteleinführungen greifen wichtige Akzente des reformierten Selbstverständnisses auf und sind als Auftakt zu den jeweiligen Beiträgen gedacht.

Das vorliegende Buch wurde von der synodalen Projektkommission der Evangelisch-reformierten Landeskirche beider Appenzell initiiert. Möge es Anstoss sein, das inspirierende biblische Kulturerbe neu zu entdecken!

Irina Bossart

Eine christliche Kirche

Was bedeutet «Reformiert sein»? Was sind typische Merkmale der Evangelisch-reformierten Kirche? Was macht ihr spezifisches Profil aus? Auf diese Fragen folgt unter den Mitgliedern nicht selten ein Zögern bei der Antwort. Vielleicht hat das damit zu tun, dass die Väter und Mütter der reformierten Konfession im Grunde nie etwas anderes sein wollten als schlicht und einfach eine christliche Kirche, dies aber im strengen Wortsinn: In Jesus Christus, und nur in ihm, sahen sie das theologische Zentrum und das geistliche Oberhaupt ihrer Gemeinschaft.

Jesus von Nazareth hat die Liebe Gottes offenbar gemacht, er hat aus ihrer Fülle gelebt und sie in bildstarken Gleichnissen verkündet. Seine Nachfolgerinnen und Nachfolger lud er ein, sich dieser Wirklichkeit zu öffnen und ihr eigenes Leben aus dieser Quelle zu gestalten. Im Johannesevangelium sagt er: «Ein Beispiel habe ich euch gegeben: Wie ich euch getan habe, so tut auch ihr» (Joh 13,15). Ulrich Zwingli formulierte es 1524 so: «Christ sein heisst nicht von Christus schwätzen, sondern leben wie Christus gelebt hat.» (ZS I, S. 367).

Kirche nach reformierter Spielart ist eine Gemeinschaft von gleicherweise Beauftragten. Alle stehen in der Verantwortung für die Gestalt ihrer Kirche. Pfarrerinnen und Pfarrer haben keine Sonderstellung; ihre Aufgabe besteht darin, qualifiziert und öffentlich das Evangelium zu verkünden, es ins Gespräch und ins Leben zu bringen. Dafür sind sie von der Gemeinde in Dienst genommen.

Die Urkirche war geschwisterlich gestaltet; alle brachten ihre Talente und Charismen ein. Männer wie Frauen standen im Verkündigungsdienst. Bald jedoch setzte eine Hierarchisierung ein mit der Herausbildung eines Klerikerstandes. Die Reformation korrigierte einen Teil dieser Entwicklung. Heute ist die Evangelisch-reformierte Landeskirche analog zur politischen Ordnung der Schweiz aufgebaut: von unten nach oben, demokratisch, partizipativ, sich selbst eine Verfassung gebend und rechenschaftspflichtig. Sie versteht sich als Teil der weltweiten Kirche und engagiert sich im ökumenischen Gespräch.

Jesus Christus im Zentrum

Fulbert Steffensky

Ich frage alle theologischen Sätze danach, ob sie die Ehre Gottes und die Freiheit der Menschen fördern. Tun sie das nicht, so sind sie falsch oder überflüssig. Ich frage auch diesen Satz aus dem Matthäusevangelium: Was hat die Anerkennung der Meisterschaft Gottes oder Christi mit der Würde und der Schönheit der Menschen zu tun? Zunächst mutet er uns zu, mit den falschen Meistern zu brechen, die erklären, wir könnten nicht ohne sie leben. Wo Christus spricht, da verstummen die Stimmen der selbsternannten Autoritäten. Der Satz «Einer ist unser Meister» aus der Kirche von Wolfhalden ist aus einem Kapitel des Aufbegehrens und des Widerspruchs. Da soll man sich gegen die Schriftgelehrten und Theologen wehren, die «den Menschen schwere und unerträgliche Lasten aufbürden» (Mt 23,4). Da soll man denen ihr Recht aufkündigen, «die gerne oben bei Tisch und in den Synagogen» sitzen (Mt 23,6). Da soll man über die spotten, die so gerne ehrfurchtsvoll auf dem Markt gegrüsst werden wollen (Mt 23,7). Es soll niemand Meister oder Vater oder Lehrer oder Rabbi genannt werden oder sich nennen lassen.

Christus mutet uns eine beinahe unerträgliche Freiheit zu. Es ist nicht verwunderlich, dass Menschen nach einem Führer schreien, nach einem festen und endgültigen System; nach etwas, was einem untrügliche Gewissheit und Sicherheit verspricht; nach etwas, dem man sich restlos hingeben kann; nach einem Menschen oder einem System, die einem Gott ersetzen sollen. Protestantismus ist ein Ort der Freiheit. Wo man diese Freiheit verrät und aufgibt, da verschwindet der Protestantismus. Protestanten und Protestantinnen sind, wo sie sich selbst nicht verraten, Freigeister. Könnte man diese Freiheit auch in der Katholischen Kirche vermuten? Natürlich findet man sie

Einer ist unser Meister,
Jesus Christus

Matthäus 23,10

auch dort. Aber geläufiger und eher erwartet sind sie in der Protestantischen. Die Subjektivität der Glaubenden hat im Protestantismus eine andere Deutlichkeit. Die Unmittelbarkeit des Menschen zu Gott, Gewissen, Vernunft, Mündigkeit und Freiheit sind stärker betont.

Im Matthäusevangelium finden sich zwei Gründe für diese Skepsis falschen Meisterschaften gegenüber, der eine: Sich als Meister über andere zu erheben, zerstört die Geschwisterlichkeit des Lebens. Wer sich als Herr aufspielt, kann nicht Bruder sein. Wer die anderen meistert, kann nicht Schwester sein. Der zweite Grund: Es soll niemand Vater oder Meisterin oder Lehrerin oder Rabbi genannt werden, «denn einer ist euer Meister; einer ist euer Vater, der im Himmel ist» (Mt 23,9). Seine Vaterschaft relativiert alle anderen Vaterschaften. Dass er Lehrer und Meister ist, macht alle Autoritäten bezweifelbar. Seine Überlegenheit vernichtet uns nicht, sie ist unsere Freiheit und unsere Würde.

Ich kenne die Kirche in Wolfhalden nicht aus eigener Anschauung, auf deren Fenster der Spruch von der Meisterschaft Gottes und Christi zu lesen ist. Aber ich glaube, man kann in dieser Kirche beten, die sich das Wort von der Freiheit gewählt hat. Wahrscheinlich werden die Menschen oft achtlos daran vorbei gehen. Aber vielleicht heben Menschen, «die gerne oben an den Tischen sitzen», ihre Augen, und ihre ersten Plätze sind ihnen nicht mehr selbstverständlich. Vielleicht fällt den Lehrern und Lehrerinnen, den Vätern und Müttern dieser Gemeinde die Warnung auf: Nennt euch nicht Lehrerinnen, nennt euch nicht Väter. Vielleicht fällt einem Homosexuellen auf, dass der Satz von der Meisterschaft Christi ihm einen Platz verspricht an dem grossen Tisch, an dem es kein Oben und kein Unten mehr gibt. Vielleicht entdeckt eine, die das Leben gebeutelt hat, diesen Satz von der Freiheit und sie fängt an zu lachen über die, die nach den ersten Plätzen hecheln; über die, die als erste gegrüsst werden wollen, und über die, die ihre «Gebetsriemen breit und die die Quasten an ihren Kleidern gross machen». Welche Schönheit einer Kirche, die sich solche Sätze von der Rettung des Lebens zumutet!

Kreuz und Auferstehung

Ulrike Hesse

Immer wieder treffen wir in Kirchen auf das Zeichen des Kreuzes. Nicht anders in unseren Appenzeller Kirchen, auch wenn die reformierten Kirchen das Kreuz weniger zentral darstellen. Manchmal muss man genau hinschauen, um es zu entdecken. Die evangelische Kirche in Rehetobel wie auch diejenige in Herisau zeigen das Kreuz je im unteren Bereich des mittleren Chorfensters. Im oberen Bereich wird an beiden Orten die Auferstehung ins Bild gesetzt, in Herisau durch das Motiv des in den Himmel auffahrenden, segnenden Christus (Lk 24,50–51), in Rehetobel auf indirekte Weise durch die Begegnung der Frauen mit dem Engel am leeren Grab (Mt 28,5–7, Mk 16,6–7). Der Engel scheint gerade zu den Frauen zu sagen: «Entsetzt euch nicht! Ihr sucht Jesus von Nazareth, den Gekreuzigten. Er ist auferstanden, er ist nicht hier.» (Mk 16,6.)

In einer Art Bildgeschichte erzählt das mittlere Chorfenster in Rehetobel Ende und Anfang der christlichen Glaubensvorstellung. Mit dem Tod von Jesus war für seine Freundinnen und Freunde sowie für seine Familie die Welt zusammengebrochen. Das zeigt der klagende Ausdruck der Frauen auf dem Fensterbild. Die Hände vor dem Gesicht zusammengeschlagen, sehen Maria, die Mutter des Jakobus, und Maria von Magdala, Gefährtinnen von Jesus, all ihre Lebenspläne «durchkreuzt». Für sie fühlt es sich an, als gäbe es nur noch Dunkelheit.

Dass der geliebte Lehrer und Meister Jesus von Nazareth wirklich tot ist, am Kreuz hingerichtet, weil er den religiösen Autoritäten und seinen Gegnern im Römischen Reich zu gefährlich geworden ist, bedeutet für die Freunde und Freundinnen zunächst das Ende. Jesus hat sie gelehrt, die Welt anders zu sehen. Seine Art, von Gott zu reden, hat die Menschen begeistert. Er hat ihnen gezeigt, dass in dieser Welt Liebe möglich ist. Jesu Tod aber zerschlägt all ihre Hoffnungen.

**Entsetzt euch nicht!
Ihr sucht Jesus,
den Nazarener,
den Gekreuzigten.
Er ist auferweckt worden,
er ist nicht hier.**

Markus 16,6

Ausschnitt aus dem mittleren Chorfensterbild in der reformierten Kirche Rehetobel: Ansprache des Engels. Veranschaulichung von Mt 28,1–7.

Jesu Kreuzigung ist aber nicht das Ende. Im Neuen Testament gibt es unterschiedliche Überlieferungen, wie es weitergegangen ist. In allen Evangelien weisen die göttlichen Boten weg vom Grab und verkündigen den Frauen, dass Jesus auferstanden ist. Das österliche Licht im mittleren Fenster der Rehetobler Kirche zeugt davon. Der Engel schickt die Frauen auf den Weg mit dem Auftrag, die Botschaft weiterzuerzählen (Mt 28,7; Mk 16,7).

Mit der Entdeckung des leeren Grabes beginnt nach der Überlieferung die Verkündigung der Auferstehung: Jesus Christus wurde auferweckt zu neuem Leben. Sein Eintreten für eine neue Welt, in der Liebe wirklich möglich ist, wurde ins Recht gesetzt. Das scheinbare Ende ist der Anfang, das neue Leben in einer neuen Wirklichkeit hat begonnen. Das Kreuz Jesu Christi hat alles durchkreuzt, was ist, und macht alles neu.

Was genau am Ostermorgen passiert ist, bleibt offen. Die neutestamentlichen Texte geben dazu keine genauen Informationen. Doch muss die Kunde von der Auferstehung eine innere Erfahrung der Menschen um Jesus widerspiegeln. Steine kommen in Bewegung. Das, was unverrückbar erschien, gerät ins Rollen. Auf eine neue, befreiende Weise Mensch zu sein, verändert die Menschen: Sie sehen Hoffnungsschimmer, wo andere nur jammern; in ihnen entstehen neue Töne, wo andere nur schweigen. Die Kraft der Liebe, die ihnen in Jesus begegnet ist, trägt weiterhin und trägt bis heute.

Der Auferstandene behält das neue Leben nicht für sich. Er ist von den Frauen und Jüngern damals weggegangen, um dadurch auch uns heute noch nahe sein zu können. Zu seinen Lebzeiten konnte Jesus immer nur einzelnen Menschen begegnen, bei bestimmten Menschen einkehren. Wenn er in der Auferstehung zu seinem Vater heimkehrt, dann kann er zu allen kommen. Nur so ist der gemeinsame Weg mit ihm noch nicht zu Ende. An den Orten unseres Alltags nehmen wir die Kraft von Ostern mit und erfahren neue Kraft, wenn wir müde werden. Als Quelle von Mut, Kraft und Licht, das uns froh macht und das wir mit anderen teilen können, erfahren wir den Auferstandenen noch heute. Das österliche Licht in der Kirche von Rehetobel strahlt an sonnigen Tagen ganz besonders schön.

Ecksteine im Kirchenleben

Peter Witschi

«Geleget ist zu Gottes Ehre / zum Tempel wahrer Christus Lehre / Der Ekstein den ich hier betracht' / im Jahr tausend achthundertacht.» Dieser gut lesbare Text an der Kirche Speicher befindet sich auf dem Eckstein als vergoldete Kursivinschrift. Der an der vorderen Südwestecke auf Kopfhöhe angebrachte Grundstein ist Teil des von 1808 bis 1810 unter Leitung von Baumeister Konrad Langenegger aus Gais aufgerichteten Neubaus. Er wurde am 14. Mai 1808 gesetzt, die Predigt dazu erfolgte am 20. Juni 1808. Auch für die reformierten Kirchen in Waldstatt, Schwellbrunn, Schönengrund, Stein, Trogen, Rehetobel, Wald, Heiden und Walzenhausen sind die jeweiligen Daten der Grundsteinlegungen beziehungsweise der Ecksteinpredigten bekannt.

Bezüge zu «Grundsteinen» finden sich im Alten Testament. Die prägnanteste Bibelstelle dazu findet sich im Buch des Propheten Jesaia: «Siehe, ich lege in Zion einen Grundstein, einen bewährten Stein, einen köstlichen Eckstein, der wohl gegründet ist. Wer glaubt, der flieht nicht» (Jes 28,16).

Diese Gedanken waren auch für die reformierten Gemeinden des seit 1597 bestehenden eidgenössischen Kantons Appenzell Ausserrhoden verbindlich. Die als Kirchhören bezeichneten Gemeinden bildeten die in vielen Belangen autonomen Grundelemente des kleinen Staatswesens. Sie regelten wesentliche Bereiche des Bau-, Schul-, Kirchen- und Armenwesens eigenständig. Sie wählten die Pfarrpersonen und waren für die Kirchengebäude verantwortlich. Ihre rechtliche Basis bildete die nach langem Ringen 1689 geschaffene «Kirchenordnung der christlichen Gemeinden des Lands Appenzell der Usseren Roden». Zu den pfarramtlichen Verpflichtungen zählte bis 1875 die Führung aller Tauf-, Ehe- und Todesregister.

Gelegt ist zu Gottes Ehre /
zum Tempel wahrer
Christus Lehre /
Der Eckstein den ich
hier betracht' /
im Jahr tausend
achthundertacht.

In Anlehnung an Epheser 2,20

Im 17. Jahrhundert bildete sich auf Kantonsebene ein obrigkeitlich geprägtes Kirchenregiment aus. Zum Ausdruck kam dieses in den von den Kanzeln zu verlesenden Landmandaten, die kantonsweit geltende Regelungen enthielten. Von Bedeutung waren auch die zu Festtagen erlassenen Oster-, Bettags- und Weihnachtsmandate. Sie stützten sich auf religiös motivierte Bestimmungen der Landbücher ab. Das jüngste «Landbuch des lands Abbenzell Aeußerer Rooden, darinnen alle christenliche ehrbahre und wohlgegründete lobliche Ordnungen und Satzungen» enthalten, wurde 1747 erstellt. Zudem sorgte das um 1600 geschaffene und weltlich geprägte Chorgericht für einheitliche Regelungen in Ehebelangen. Obrigkeitlich gelenkt war auch die seit 1602 mit Statuten versehene appenzellische Synode.

Staat und Gemeinden sorgten dafür, dass Appenzell Ausserrhoden im Inneren nach evangelischen Prinzipien agieren konnte und sich gegen aussen klar abgrenzen sollte. Explizit erklärte die Kantonsverfassung von 1834: «Die evangelisch-reformirte Religion ist die Religion des Landes. Allen Einwohnern desselben wird der fleißige Besuch der Kirche und des Abendmahles, sowie überhaupt die würdige Feier der Sonn- und Festtage nachdrucksamst empfohlen.» Mit Blick auf die globale Situation wird im Appenzellischen Monatsblatt Nr. 2 vom Hornung 1845 der Kanton gar als «reformirtestes Ländchen des Erdbodens» bezeichnet (S. 18). Dazu sei die Bemerkung erlaubt, dass laut Volkszählung von 1842 bereits damals neben 42 251 Reformierten immerhin 1057 Katholiken in Appenzell Ausserrhoden wohnhaft waren.

Im Nachgang der Revision der Bundesverfassung von 1874 mit markanten Änderungen zum Verhältnis von Kirche und Staat musste auch Ausserrhoden diese Beziehung überdenken. Erst im Zuge der Totalrevision der Verfassung kam es 1877 zur Trennung von Kirche und Staat. Die geltende Kantonsverfassung vom 30. April 1995 enthält gar explizit die Bestimmung, wonach die kirchlichen Körperschaften ihre inneren Angelegenheiten selbstständig regeln. Und dennoch hat sich eine Jahrhunderte alte Tradition erhalten: Bis heute sind alle reformierten Kirchen im Eigentum der jeweiligen politischen Gemeinden geblieben.

Erneuert nach dem Evangelium

Nicht zufällig, sondern programmatisch lautet der Name der Landeskirche beider Appenzell «evangelisch-reformiert». Die beiden Begriffe gehören untrennbar zusammen. «Reformiert» heisst wörtlich «erneuert», wieder in Form gebracht, und zwar nach Massgabe des Evangeliums.

Die Erneuerung, die Re-Formierung, ist ein nie abgeschlossener Prozess, weil die gesellschaftliche Umwelt dynamisch ist. Lebensverhältnisse, Weltvorstellungen und Sprache verändern sich. Die Erneuerung geschieht – das ist zumindest der Selbstanspruch! – im je neuen Hören auf das Evangelium. Darum versteht sich die Evangelisch-reformierte Kirche als «ecclesia reformata, semper reformanda secundum verbum Dei», als beständig nach dem Wort Gottes zu reformierende Kirche.

Die Bibel basiert auf Vorstellungen, die nicht mehr ohne Weiteres verständlich oder einsichtig sind. Es braucht Übersetzungsarbeit in mehrfacher Hinsicht. Die Bibelwissenschaft kommt in interdisziplinärer Zusammenarbeit mit Fächern wie Geschichte, Archäologie oder Sprachforschung zu immer neuen Erkenntnissen. Das erweitert die Verstehensbasis für die alten Texte. Es gilt klug zu unterscheiden zwischen zeit- und kulturbedingten Ausdrucksweisen und der gültig bleibenden Botschaft. Überdies ist zu berücksichtigen, dass bereits das Neue Testament eine Vielfalt an Deutungen von Jesu Person, von seiner Lehre, seinem Leben, seinem Tod und seiner Auferstehung kennt. Das lässt bei der Rezeption verschiedene Akzentsetzungen zu und erklärt zugleich die Vielstimmigkeit der Evangelischen Kirche.

Im Verlauf der Kirchengeschichte kam es immer wieder zu Phasen der Erstarrung, der Engführung oder – schlimmer noch – der Instrumentalisierung der biblischen Botschaft. Diese Kapitel dürfen nicht ausgeblendet werden. Doch Umkehr, eine zentrale Forderung Jesu, ist jederzeit möglich (Mk 1,15), wegleitend ist allein das Evangelium Jesu Christi.

Wo Gott spricht, hebt Neues an

Caroline Schröder-Field

Wenn unsere Glocke nicht nur läuten, sondern sprechen könnte, würde sie rufen: «Hört des HERREN Wort!» Denn mit dem Glockengeläut beginnt der Gottesdienst, noch bevor man die Kirche betritt. Auch jene, die nicht in die Predigt gehen, nehmen am Gottesdienst teil, wenn sie sich in dem, was sie gerade tun, unterbrechen lassen. Im besten Falle merken sie auf, hören hin, ob sich da nicht – wie zu den Zeiten der Propheten, ja, wie zu Jesu Zeiten – Gottes Wort Gehör verschaffen will. Denn der Glaube kommt aus dem Hören. Dazu tun die Glocken bis heute treu ihren Dienst, sofern wir sie lassen. «Gott weckt mich alle Morgen, er weckt mir selbst das Ohr. Gott hält sich nicht verborgen, führt mir den Tag empor, dass ich mit seinem Worte begrüss das neue Licht. Schon an der Dämmrung Pforte ist er mir nah und spricht.» So dichtete 1938 Jochen Klepper (RG 575) in Anlehnung an Jesaja (50,4–6). Gott spricht! In dieser Erwartung läuten die Glocken die Predigt ein.

Wenn immer weniger Menschen in die Predigt gehen und viele längst nicht mehr wissen, dass man auf Glocken biblische Worte festschrieb, wird man das Geläut im besten Fall als kulturelles Erbe wertschätzen: Folklore! Im schlimmsten Fall wird man es als religiösen Lärm empfinden und sich daran stören wie an den Gipfelkreuzen auf den Bergen. Aber auch als die Kirchen noch voller waren und ihre Glocken noch unangefochten läuteten, war der Glaube, der aus dem Hören kommt, ein Wunder, bei Weitem nicht jeder oder jedem gegeben. Selbst das volle Geläut an Weihnachten kann keinen Glauben wecken, wenn Gott nicht selber spricht. «Deus dixit» – «Gott hat gesprochen», so kann man das Offenbarungsgeschehen zusammenfassen, dem sich der Glaube verdankt.

Hört
des HERREN Wort!
Jeremia 2,4

Gott hat gesprochen: in Jesus Christus, in der Bibel und in der Predigt. Alle drei sind «Gottes Wort», so sehr, dass man das eine vom anderen zwar unterscheiden, aber nicht trennen kann. Ohne Worte fordern die Glocken dazu auf, dieses «dreieinige» Wort zu hören. Ein gewisser Ärger ist darum verständlich, denn der Sinn der Glocken ist es, auf Christus hin zu läuten, auf ihn hin zu deuten. An Christus schieden sich aber von jeher die Geister, ist er doch den einen ein Ärgernis, den anderen eine Torheit. Die Glocken verweisen auf ihn, wenn jede Predigt Christus predigen soll. Andererseits lässt sich Christus nur vor dem Hintergrund der Psalmen, der Propheten, der Tora predigen – der Schriften, die auch Jüdinnen und Juden heilig sind. «Hört des HERREN Wort», so fingen Propheten wie Jeremia und Elia an, wenn sie zum Volk sprachen. Die Glocke der Kirche in Wald zitiert die Propheten des Alten Testaments. Und diese wiederum lassen das «Höre Israel» anklingen: «Höre, Israel, der HERR ist unser Gott, der HERR allein» (5. Mose 6,4). Das «Höre Israel» ist das jüdische Glaubensbekenntnis. In seiner Fortsetzung «Und du sollst den Herrn, deinen Gott, lieben von ganzem Herzen, von ganzer Seele und mit all deiner Kraft» scheint es auch im Evangelium auf (Lk 10,27). Eine Glocke mit der Inschrift «Höret des Herren Wort» kann nicht anders als die Einheit von Altem und Neuem Testament zu bezeugen, wobei sich das «Neue» nicht einfach auf die 27 kanonisierten Schriften des Urchristentums beschränken lässt.

Überall da, wo Gott spricht, hebt etwas Neues an. «Gott sprach: Es werde Licht! Und es wurde Licht» (1. Mose 1,3). Gottes Wort ist schöpferisch, es bringt etwas hervor, und was es hervorbringt, ist gut. Mitten im Irrsinn der Zeit findet es einzelne, die es vernehmen und weitertragen, damit es alle hören können. Das ist der Augenblick, in dem Gottes Wort das menschliche Wort braucht: Auslegung, Lehre, Predigt. Und es ist zugleich der Augenblick, in dem das menschliche Wort Gottes Wort korrumpiert. Sodass es wieder einen Weckruf braucht, ein prophetisches «Hört des HERREN Wort», damit man mitten in dem, was Menschen sagen, das wieder vernimmt, was sich kein Mensch selbst sagen kann. Dazu läutet unsere Glocke. Ohne selbst Worte zu machen, ist ihr Ton ein Weckruf. Denn der Glaube kommt aus dem Hören (vgl. Röm 10,17 und 1. Thes 2,13).

Gottes Wort bleibt verständlich

Urs Joerg

Die Bibel berichtet von einem Gott, der redet. Mehr als dreitausendmal heisst es im Alten Testament: «ko amar Jahwe – so spricht der Herr». Gott spricht. Sein Wort bewirkt etwas. Sein Wort schafft am Anfang der Bibel diese Welt. Immer geht es darum, dass sein Wort Leben ermöglicht, schafft und gewährt, «denn nicht ein leeres Wort ist es für euch, sondern es ist euer Leben. Und durch dieses Wort werdet ihr eure Tage verlängern», sagt Mose am Ende seiner Abschiedsrede (5. Mose 32,47). Jesus Christus, das Mensch gewordene Wort (Joh 1,14), sagt es später so: «Ich bin gekommen, um ihnen das wahre Leben zu bringen – das Leben in seiner ganzen Fülle» (Joh 10,10).

Das Wort Gottes ist von Anfang an (Joh 1,1) und bleibt für alle Zeit. Die Frage ist, ob die Menschen das göttliche Wort hören und verstehen, in ihm bleiben. Die Bibel berichtet, dass das nicht immer der Fall ist. Es gibt ein Verständnisproblem. Gott reagiert darauf auf unterschiedlichste Weise – doch sein Wort bleibt. Es wird allerdings den vielfältigen Situationen der Menschen angepasst, verständlich gemacht, zuletzt in und durch Jesus Christus. Dass dieses «Wort» – Christus – verschieden aufgenommen und gedeutet wurde, zeigen die vier nicht identischen Evangelien im Neuen Testament. Sinnigerweise ruht in der reformierten Kirche Waldstatt die Inschrift vom ewigen Wort Gottes auf vier Säulen, die mit den Symbolen der Evangelisten Matthäus, Markus, Lukas und Johannes geschmückt sind.

Auch nach Abschluss der Sammlung der Schriften der Bibel im 2./3. Jahrhundert nach Christus blieb die Frage nach dem Hören und Verstehen. Die Kirche nahm für sich in Anspruch, Instanz der Auslegung zu sein. Deshalb beharrte die

Gottes Wort
bleibt in Ewigkeit.
1. Petrus 1,25

Römisch-katholische Kirche auf der lateinischen Fassung der Bibel als einzig zulässiger Ausgabe – übrigens bis zum Zweiten Vatikanischen Konzil in den 1960er-Jahren. Mit der Reformation änderte sich dies. Martin Luther übersetzte in die Volkssprache. Das Wort Gottes sollte verständlich werden für alle. Er und andere Reformatoren gingen auf die Ursprachen der Bibel, Hebräisch und Griechisch, zurück und übertrugen das Alte und Neue Testament in ihre Landessprache.

Durch die Fortschritte im Buchdruck konnte die Bibel in grösseren Auflagen produziert und damit weiter verbreitet werden. Damit hatten alle die Möglichkeit, sich immer wieder am Wort Gottes auszurichten und die Kirche zu erneuern, ganz im Sinne der «ecclesia semper reformanda».

Ab 1804 übernahmen die Bibelgesellschaften weltweit die Aufgabe der Übersetzung in die Volkssprachen. Damit wurde und wird es möglich für viele Menschen die Heilige Schrift in ihrer Sprache, der Sprache ihres Herzens, zu lesen und auf ihre Art zu verstehen. Sprache und Lesegewohnheiten verändern sich. Deshalb bleibt es ständige Aufgabe, die Bibel aus den Ursprachen neu zu übersetzen. Für die Zürcher Bibel geschah das letztmals 2007, für die Lutherbibel 2016/17, und auch die Römisch-katholischen Kirche verfügt seit 1980 über eine offizielle, deutschsprachige Einheitsbibel, die letztmals 2016 revidiert worden ist. Daneben gibt es im deutschen Sprachbereich ein breites Spektrum an Übersetzungen, die eine einfachere und damit verständlichere Sprache benutzen, zum Beispiel die Gute Nachricht (seit 1968), die Hoffnung für alle (seit 1983) oder die BasisBibel (seit 2010).

Gott redet in der Bibel. Die Sprache, die äusseren Umstände, die Eigenarten von uns Menschen ändern sich. Gottes Reden, sein Wort, bleibt. Es ist unerlässlich, Gottes Wort immer wieder neu – in heutiger Sprache, für heutige Ohren – zu kommunizieren, die Bibel neu zu übersetzen und so den Gläubigen den Weg zu öffnen, das göttliche Wort auch adäquat zu verstehen. Gottes Wort – als bleibende Ur-Kunde – spricht je aktuell, gegenwärtig, in unsere Situation hinein und hat je neu transformatorische, erneuernde, neues Leben schaffende Kraft. Der Berner Pfarrer und Schriftsteller Kurt Marti formulierte seine Wirkung prägnant in folgendem Gedicht: «das wort! es kündet / und ist nicht euer / es blitzt und zündet / das wort ist feuer / das wort schuf welten / das wort des höchsten / das wort will gelten / zum wohl des nächsten / das wort hält wache / das wort ist bote / das wort stärkt schwache / das wort weckt tote.»

Wir Menschen können uns dabei immer neu erbitten, was sich Salomo von Gott erbeten hat: ein auf Gott und die Menschen «hörendes Herz» (1. Kö 3,9).

Literaturnachweis

Kurt Marti, DU Rühmungen, Stuttgart 2008, S. 40.

Göttliches Wort – Massstab für Menschlichkeit

Niklaus Peter

Die reformierte Kirche Heiden hat zwei Brandkatastrophen (1838, 1936) und einige Renovationen hinter sich. Man wählte jeweils neue, andere biblische Leitworte, die neben oder unter dem Orgelprospekt angebracht wurden: 1840 eine Seligpreisung aus Matthäus 5,8, 1938 ein mutmachendes Wort aus Psalm 46,1. Nach der Innenrenovation von 2011 war es der strahlende Satz aus Johannes 1: «Im Anfang war das Wort» – die einzelnen Buchstaben schön aufgereiht, fast wie kleine Orgelpfeifen. Aber was bedeutet dieser geheimnisvolle und geistesgeschichtlich so bedeutsame Satz? Schon Doktor Heinrich Faust in Goethes berühmtem Drama stockt, als er dieses Wort vom Logos Gottes übersetzen soll:

«Geschrieben steht: ‹Im Anfang war das Wort!›
Hier stock ich schon! Wer hilft mir weiter fort?
Ich kann das Wort so hoch unmöglich schätzen,
Ich muß es anders übersetzen,
Wenn ich vom Geiste recht erleuchtet bin.
Geschrieben steht: Im Anfang war der Sinn.
Bedenke wohl die erste Zeile,
Dass deine Feder sich nicht übereile!
Ist es der Sinn, der alles wirkt und schafft?
Es sollte stehn: Im Anfang war die Kraft!
Doch, auch indem ich dieses niederschreibe,
Schon warnt mich was, daß ich dabei nicht bleibe.
Mir hilft der Geist! Auf einmal seh ich Rat
Und schreibe getrost: Im Anfang war die Tat!»

Nun, die Bibel zu übersetzen ist tatsächlich kein einfaches Geschäft. Aber seit der Altphilologe Klaus Bartels dieses ur-

**Am Anfang war das Wort,
und das Wort war bei Gott,
und Gott war das Wort.**

Johannes 1,1

griechische Wort «Logos» in einer Zürcher Predigt herrlich blank geputzt und in seinem Bedeutungsreichtum entfaltet hat, versteht man die Pointe der Neuen Zürcher Bibelübersetzung «Im Anfang war das Wort, der Logos». Denn diese ungewohnte Doppelung macht deutlich: «Logos», griechisch, hat eine viel grössere Bedeutungstiefe als «Wort» im Deutschen. Es heisst nämlich auch Zahl, Vernunft, Sinn, es geht um Beziehungen, die man entdeckt und wahrnimmt – um Zahlenverhältnisse, wie die Dinge sich und wie wir uns zueinander verhalten, wie mit Sprache, mit «logischen» Sätzen, Verhältnisse und Beziehungen für uns verständlich werden. Logisch – heisst: Nun seh' und versteh' ich plötzlich die Zusammenhänge und Verhältnisse. Und jetzt wird auch verständlich, «logo!», weshalb die Griechen den Logos mit Gott in Verbindung brachten. Genauso wie die alten Hebräer von Gottes Schöpfung sprachen im Buch Genesis 1: «Und Gott sprach – es werde …» Verhältnisse werden geordnet, und so entsteht eine sinnvolle Welt.

Es ist eine starke Aussage des Evangelisten Johannes, wenn er nicht nur schreibt: Im Anfang aller Dinge war Gottes Logos, sondern auch: Dieser Logos wurde Mensch und wohnte unter uns. Johannes will also nicht allgemein, sondern spezifisch über Jesus von Nazareth sprechen, über das Licht, das durch ihn in die Welt gekommen ist. Er will über Erfahrungen sprechen, über Freude, Vergebung, Sinn und Erneuerung des Lebens, über jene dramatischen Ereignisse, die mit Jesus Christus verbunden sind.

Johannes muss – so vermute ich – aufgegangen sein, dass man die Dimensionen dieser Geschichte besser verständlich machen kann, wenn man nicht einfach vom Stern, von den Hirten und einem Kindlein in der Krippe erzählt, sondern mit einem Bekenntnis beginnt, das die Grunddimensionen dieser Gottesgeschichte an den Anfang setzt. Und deshalb beginnt er mit seinem Hymnus vom Logos und dem Menschen Jesus von Nazareth, in dessen Worten und Leben sich Gott zeigt und in dieser Welt präsent ist. Es geht ihm um die grossen Dimensionen, die sich öffnen, wenn man dies wahrzunehmen beginnt:

dass Gott in die Welt gekommen ist – in der Gestalt eines so menschlichen, so ehrlichen, so liebevollen und mutigen Menschen.

«Im Anfang war der Logos» – nur ein «Wort»? Kann man das Wort denn so hoch schätzen, fragt sich Goethes Faust. Aber die Botschaft des Johannesevangeliums ist tiefer, grundlegender: Gott hat sich in ein neues Verhältnis zu uns gebracht. Mit Jesus Christus hat er Massstäbe für Menschlichkeit gesetzt, Grunddimensionen für das, was Gnade, was Vergebung, was Konfliktfähigkeit und Friedenskultur bedeuten – eine Einladung an uns alle, im evangelischen Sinne «Gottes Kinder» (Joh 1,12) und also menschlich zu werden.

Literaturnachweis

Johann Wolfgang Goethe, Faust. Erster Teil (Szene: Studierzimmer), Frankfurt am Main 1974.

Klaus Bartels, Am Anfang war der Logos, in: Klaus Bartels und Niklaus Peter, Nikolaus-Predigten im Fraumünster. Antike und biblische Texte im Dialog, Zürich 2017.

Zwingli und Luther vereint

Martin Sallmann

In der evangelisch-reformierten Kirche Wolfhalden befinden sich in den Kirchenfenstern rechts und links des Orgelprospekts im Chor jeweils im mittleren Teil zwei Porträts der Reformatoren Ulrich Zwingli und Martin Luther, die beide eine Bibel bei sich tragen. Das rechte Chorfenster zeigt Zwingli und darunter einen Kelch, der das Abendmahl symbolisiert. Im linken Chorfenster ist Luther abgebildet und unter ihm eine aufgeschlagene Bibel mit den griechischen Buchstaben Alpha und Omega – erster und letzter Buchstabe des griechischen Alphabets. Sie verweisen auf ein Wort Jesu in der Offenbarung nach Johannes: «Ich bin das A und das O, der Erste und der Letzte, der Anfang und das Ende» (Off 22,13; siehe auch 1,8).

Die Chorfenster umrahmen gleichsam den ganzen Bereich der Orgel und damit auch die Kanzel, die in den Orgelprospekt eingefügt ist. In der Flucht der Kanzel steht der Abendmahlstisch im Chor, und links daneben befand sich früher der Taufstein, wo heute der Flügel steht. Damit sind die drei Elemente der Evangeliumsverkündigung, nämlich Wort, Sakramente und Musik, im Chor vereinigt. Die monumentale Orgel dient dem Gesang und damit ebenfalls der Verkündigung. Die beiden Chorfenster unterstützen mit den Porträts der Reformatoren und den zugeordneten Symbolen diesen Grundgedanken.

Dass Zwingli und Luther einander zugewandt abgebildet sind, ist aber keine Selbstverständlichkeit. Am Religionsgespräch in Marburg 1529, zu dem Philipp I. Landgraf zu Hessen eingeladen hatte, einigten sich die zwei Kontrahenten Luther und Zwingli in allen offenen Fragen der reformatorischen Theologie bis auf das Abendmahl. Die Präsenz der leiblichen Natur Jesu Christi im Abendmahl blieb strittig. Luther schrieb danach an Martin Bucer, Reformator in Strassburg, dass sie nicht den

Lobe den Herrn meine Seele,
und alles, was in mir ist,
seinen heiligen Namen.
Lobe den Herrn meine Seele,
und vergiss nicht,
was er dir Gutes getan hat.
Ps 103, 1–2

Martin Luther (links) und Ulrich Zwingli, Glasfenster im Chor.

gleichen Geist hätten, und meinte damit auch Zwingli und die Zürcher Reformatoren. Zwischen Luther und Zwingli war das Tuch zerschnitten, die Kirchen waren voneinander getrennt. Dieses innerprotestantische Schisma sollte bis zum 20. Jahrhundert andauern. Die Reformierten waren bei den Lutheranern nicht zum Abendmahl eingeladen, und die Lutheraner wollten nicht am Abendmahl der Reformierten teilnehmen.

Trotzdem wurden die beiden Kirchenfenster, die aus dem Jahr 1934 datieren, mit den Häuptern der zwei getrennten Kirchen in der Kirche Wolfhalden eingefügt. Und auch in der evangelisch-reformierten Kirche Waldstatt wurden zur gleichen Zeit zwei Glasfenster eingesetzt, welche die beiden Reformatoren mit aufgeschlagenen Bibeln zeigen. Die Botschaft ist klar: Es geht um die Verkündigung des Evangeliums aufgrund der biblischen Schriften. Darin waren sich die beiden Reformatoren einig. Auch dass sich das Evangelium in der Gestalt Jesu Christi, seinem Wirken im Reden und Handeln, in herausragender Weise zeige, war zwischen beiden unbestritten. Dass sich in den Fenstern zugleich ein Hinweis auf das trennende

Abendmahl findet, war mutig und der eigenen Zeit voraus, denn nicht allein die Übereinstimmungen, sondern auch die innerprotestantischen Differenzen kommen so zum Ausdruck.

Erst nach dem Zweiten Weltkrieg wurden ernsthafte Gespräche zwischen Lutheranern und Reformierten aufgenommen. Sie mündeten schliesslich in die Leuenberger Konkordie 1973, welche die gegenseitigen Verwerfungen der Vergangenheit angesichts der Übereinstimmungen in der Lehre hinter sich liessen. Seither sind Abendmahlsgemeinschaft und Kanzeltausch möglich. Diese Gemeinschaft wuchs und ist heute als Gemeinschaft Evangelischer Kirche Europas (GEKE) europaweit miteinander verbunden. Der Gemeinschaft gehören heute nahezu hundert Mitgliedkirchen an, darunter auch die Evangelisch-reformierte Kirche Schweiz EKS und damit die Evangelisch-reformierte Landeskirche beider Appenzell.

Die Glasfenster in den Kirchen Wolfhalden und Waldstatt erinnern an das gemeinschaftliche Zusammenleben der Evangelischen Kirchen, an die vielfältige Verkündigung des Evangeliums aufgrund der biblischen Schriften und auch an die kirchlichen und gesellschaftlichen Herausforderungen der eigenen Zeit.

Hinweis zum Bibelvers

Luther und Zwingli waren beide grosse Liebhaber der Psalmen. Sie empfahlen sie als persönliche Gebetstexte und für den Gottesdienst. Daher ist es sehr passend, dass in der Mitte des Orgelprospektes, unter dem Schalldeckel der Kanzel, der Anfang von Psalm 103 steht. Dieser Vers ist übrigens – hübsch verziert – auch an der Emporenbrüstung in der reformierten Kirche von Hundwil zu finden.

Befreit zu vollem Leben

Jesus von Nazareth sah seinen Auftrag darin, Menschen aus allen möglichen das Leben mindernden Gefangenschaften herauszulösen – aus seelischen Verlorenheiten, geistigen Zwangssystemen, schuldhaften Verstrickungen, lähmenden Verhältnissen – und sie im Gegenzug mit Gott zu verbinden, das heisst, ihnen ein neues Leben, ein neues Menschsein zu eröffnen, das von der Kraft der Liebe getragen ist. Damit stellt sich der Jude und Gottessohn Jesus ganz in die Befreiungstradition des Gottes Israels. Im zweiten Buch Mose steht: «Ich bin der HERR, dein Gott, der dich aus dem Land Ägypten, aus dem Sklavenhaus herausgeführt hat» (2. Mose 20,2). Die Menschen sollen ein Leben im echten Wortsinn, ein würdiges, freies, erfülltes Leben führen dürfen, so wie es dem von Gott gewollten Dasein entspricht. Jesus sagt im Johannesevangelium: «Ich bin gekommen, damit sie Leben haben und es in Fülle haben» (Joh 10,10).

Die Bibel enthält viele unterschiedliche Zeugnisse von Personen, deren Leben durch eine Gotteserfahrung, durch die Begegnung mit Jesus von Nazareth oder durch die Berührung mit dessen Botschaft eine entscheidende Wende genommen hat. Den Betroffenen wurde das Leben gleichsam neu geschenkt; sie empfanden diese Erfahrung als grosse Gnade. Ihr Selbst-, Lebens- und Gottvertrauen wuchs; in ihnen begann etwas zu erwachen und gedeihen, was sie nicht nur aus sich selbst hatten. Der Apostel Paulus verdichtete diese neue Lebensqualität, nicht zuletzt unter dem Einfluss seiner eigenen Christuserfahrung, in einem schönen Satz: «Wenn also jemand in Christus ist, dann ist das neue Schöpfung, das Alte ist vergangen, siehe, Neues ist geworden» (2. Kor 5,17).

Getragen von einer bisher nicht gekannten Kraft setzten die so «Neugewordenen» und «Freigesetzten» auf die Wirklichkeit Gottes und die gute Botschaft Jesu; sie liessen sich erfüllen von dessen Geist und folgten dem von ihm neu eröffneten Weg. Anfänglich wurden Christusgläubige sinnigerweise als die vom (neuen) Weg bezeichnet (Apg 9,2; 24,14).

Quicklebendig werden

Verena Hubmann

«Kommt her zu mir, die ihr mühselig und beladen seid. Ich will euch erquicken» (Mt 11,28). Der sogenannte Heilandsruf ist mein Konfirmationsspruch. Der Pfarrer hatte ihn mir zugeteilt. Auch das Konfirmationsbild konnten wir nicht selbst auswählen. Ich bekam die «Betenden Hände» von Albrecht Dürer. Als junges Mädchen an der Schwelle zum Erwachsenwerden freute ich mich weder am Spruch noch am Bild. Ich war sogar regelrecht empört: Wie konnte mir der Pfarrer bloss einen so depressiven Spruch und ein derart frommes Bild geben?

Heute ist mir klar, dass mein Pfarrer ein Alternativer war, politisch links und grün. Mit seinen sozialen und schöpfungstheologischen Impulsen erreichte er uns junge Menschen nicht. Im Gegenteil: Wir spotteten über seine «handglismete» Erscheinung und die «Jesus-Sandalen» und machten in Bezug auf die vermittelten Inhalte dicht.

Als Pfarrerin schmunzle ich jetzt, weil mir die genau gleichen Themen am Herzen liegen. Das Bild mit den zum Gebet gefalteten Händen ist mir lieb geworden. Der Spruch ist längst auf Resonanz gestossen in mir; er begleitet, stärkt und ermutigt mich persönlich ebenso wie in meiner seelsorgerlichen Arbeit.

Im Nachhinein berührt mich, dass mein Pfarrer offensichtlich mehr von mir wahrnahm, als mir, hätte ich es gewusst, lieb gewesen wäre. Als guter Seelsorger verfügte er über Menschenkenntnis und Intuition und erblickte hinter der coolen, schützenden Fassade den wirklichen Menschen, mich mit meiner Verletzlichkeit und Unsicherheit.

Eindrücklich zeugen Spruch und Bild davon, dass mein Pfarrer beides «sehen» konnte: mein spirituelles Interesse und Suchen ebenso wie meine innere Not und Einsamkeit. Für

Kommt her zu mir, die ihr
mühselig und beladen seid.
Ich will euch erquicken.
Matthäus 11,28

beides gab es in meinem damaligen Leben keine wirklichen Ansprechpersonen und keine Sprache, mit der ich mich hätte mitteilen können.

«Kommt her zu mir …»

Heute weiss ich, wie sehr ich damals in meinem verzweifelten Rückzug jemanden gebraucht hätte, der mich herausruft und sagt: Komm her zu mir, ich bin da für dich, ich sehe deine Not, ich höre dir zu. Ich hätte die weit ausgebreiteten Arme des Vaters gebraucht, der seinen Sohn, nachdem dieser sein ganzes Erbteil verprasst und als Schweinehirt geendet hat, voller Freude und ohne Groll empfängt und an sein Herz drückt. Gottes Liebe ist bedingungslos, sie nimmt mich an, wie ich bin, mit allem.

«… die ihr mühselig und beladen seid.»

Angesprochen sind nicht einfach die Anderen, die «Mühseligen» und «Beladenen», die Randständigen und Gescheiterten. Ich bin gemeint und angesprochen, wo ich selbst nicht so gern hinschaue, wo ich mich selbst immer wieder vergeblich abmühe und überfordere.

Die alten Muster greifen bis heute. Dann will ich durch eigene Mühen selig werden, meine, alles allein machen, tragen, durchstehen zu müssen, gehe, wenn nötig, mit dem Kopf durch die Wand. Noch immer kommt es vor, dass ich mich hinter einer Fassade von Souveränität und Stärke verstecke und nicht den Mut habe, mich wirklich zu zeigen.

Die Prägungen von früher, die mehr mit dem zu tun haben, was von aussen von mir erwartet wurde, als wer ich aus mir selbst heraus sein kann, sind eine Last, die ich noch immer trage, die mir das Leben schwer macht und meinen lebendigen Selbstausdruck einschränkt.

Wie wohltuend und heilsam ist es da, diesen Ruf zu vernehmen, dieses Versprechen, das mir zu Herzen geht, mich öffnet, mich weich macht: Komm her zu mir, lass los, stell den Rucksack ab, du hast ihn lange genug getragen, jetzt darf es leichter werden; was gewesen ist, ist Gott ans Herz gelegt und in der alles umfassenden Liebe aufgehoben.

«Ich will euch erquicken.»

So komme ich und überlasse denn meinem Heiland, was mein Leben belastet, meine Lebendigkeit mindert, mich klein und ängstlich macht und was sich in mir verschlossen hält. In meiner Hingabe liegt Heilung. Sie ist Versöhnung, Selbstannahme, Ganzwerden. Sie ist Auferstehung: Mir ist neues Leben geschenkt, ausgelassene Lebendigkeit und der Mut, mich selbst zu erkennen und zu sein.

Auf dass wir quicklebendig werden!

Recht verstandene Freiheit

Peter Opitz

«Freiheit» gehört zu den grossen Wörtern unserer Sprache. Aber grosse Wörter sind nicht selten auch «Plastikwörter»: Man kann sie nach Belieben formen und biegen. Wer wäre gegen «Freiheit»? Und so benützen politische Parteien ebenso wie Demagogen dieses Wort häufig und gerne. Alle sind einverstanden, solange nichts Konkretes damit gesagt ist. Wo dies aber geschieht, beginnt der Streit: Was die Einen als «Freiheit» fordern oder feiern, empfinden die Anderen gerade als das Gegenteil von «Freiheit».

Auch in der Reformationszeit war «Freiheit» ein wichtiges Wort. Und damals schon gab es Streit darüber, was «Freiheit» konkret bedeuten kann und bedeuten darf. Die Reformation war eine Befreiungsbewegung besonderer Art. Die Reformatoren haben ja keine neue Lehre erfunden, und sie hatten auch kein politisches Programm. Sie haben schlicht die biblische Botschaft neu entdeckt. In einer vermeintlich christlichen Zeit und Kultur, in der die christliche Freiheitsbotschaft ausgerechnet durch die Kirche verdunkelt und verzerrt wurde, haben sie neu auf Christus hingewiesen, vorbei an einem ausbeuterischen Kirchenapparat, der sich mit Priestern und Sakramenten zwischen Gott und die Menschen gestellt hatte. In Christus zeigt uns Gott sein Angesicht direkt: «Kommt zu mir, ihr Geplagten und Beladenen, ich will euch Ruhe verschaffen!» In diesem Christuswort (Mt 11,28) erkannte Zwingli den Kern der befreienden christlichen Botschaft.

Aber die christliche Freiheitsbotschaft geht weiter und umfasst mehr als das Abschütteln des Jochs einer anmassenden Bischofskirche, die den Menschen selbst erfundene Gesetze auferlegte, für ihre angeblichen göttlichen Vermittlungsleistungen Geld verlangte und als Grossgrundbesitzerin die Bauern

**So euch
der Sohn frei macht,
so seid ihr frei.**

Johannes 8,36

mit Abgabeforderungen bedrängte. Denn was die Menschen letztlich unfrei macht und versklavt, ist nichts Äusserliches, sondern es steckt in ihren eigenen Herzen. Zwingli nannte es «Eigennutzdenken», und er erkannte es bei den Vertretern der Römischen Kirche ebenso am Werk wie bei vielen ihrer radikalen Kritiker, die unablässig nach «Freiheit» riefen. Es ist ein Verständnis von «Freiheit», das darin besteht, die eigenen Interessen und Wünsche, den eigenen Vorteil, den eigenen Profit anzustreben, ohne die Anderen und wenn nötig auch gegen die Anderen. Ein solches Verständnis von «Freiheit» steckt unausgesprochen hinter vielen Forderungen nach mehr «Freiheit» – für uns als Individuum, als Gruppe, als Volk, als Generation. Freiheit als Erlaubnis zu mehr oder weniger offensichtlichem egoistischem Handeln und Leben. Immer wieder hatte sich Zwingli mit einem solchen Missbrauch der christlichen Freiheitsbotschaft auseinanderzusetzen, der ganz unterschiedliche Gestalten annehmen konnte und auch heute noch kann.

Seid weniger egoistisch, denkt mehr an die Anderen! Dieser Appell ist wohlbekannt, und er nützt selten viel. Aber das war nicht die Botschaft der Reformation, und es ist nicht die Botschaft Jesu. Die Evangelien erzählen uns: Wer Jesus begegnete, begegnete einer Freiheit, die frei macht. Frei von einer krankhaften Selbstbezogenheit, die doch nur in die Einsamkeit führt, frei von einem Selbstverwirklichungsdrang, mit dem doch nur die Heimatlosigkeit des eigenen Lebens überdeckt werden soll, und nicht zuletzt frei, aus dem selbstzerstörerischen Teufelskreis von Schuld und Vergeltung auszusteigen, die letzte Ursache von Streit im Kleinen und Krieg im Grossen. Wer von diesem Jesus Christus, dem «Sohn Gottes» und «Hauptmann», wie ihn Zwingli volkstümlich-alteidgenössisch bezeichnen konnte, angeredet und berührt wird, wer etwas von der Freiheit geschmeckt hat, die er ausstrahlt und schenkt, wird sich daran erfreuen und wird sich in diese Bewegung hineinnehmen lassen. Es ist die Bewegung der göttlichen Freiheit.

Liebe, die mich meint

Daniel Hell

Gott wird im 1. Johannesbrief als Liebe bezeichnet. Vereinfacht gesagt: «Gott ist die Liebe.» So haben wir in der Sonntagsschule gesungen. Dieses Lied hat mir als Kind ganz besonders gefallen. Es sprachen mich weniger die einzelnen Strophen an als der stets wiederholte Refrain mit dem Zusatz: «Er liebt auch mich.» Noch heute habe ich den Rhythmus und den Refrain dieses Liedes im Ohr: «Gott ist die Liebe. Er liebt auch mich.»

Unter Liebe verstehe ich heute anderes als damals als Kind. Doch etwas ist geblieben: Die Liebe ist ein Geschenk. Ich kann sie empfangen, aber nicht erzwingen. Auch die Liebe zu einem Mitmenschen kann ich nicht erschaffen. Ich kann mich zwar liebend verhalten. So wird es im Alten und Neuen Testament im Liebesgebot ja vorgeschrieben. Doch das Gefühl der Liebe kann ich nicht bewirken.

Eine andere deutsche Übersetzung des 1. Johannesbriefes macht deutlicher auf diesen Zusammenhang aufmerksam: «Wir lieben, weil er uns zuerst geliebt hat.» Wenn wir geliebt werden, fällt es uns leichter, selbst zu lieben. Liebe, auch die eigene, bleibt zwar ein Geschenk, aber eines, das unser Ich aufschliesst und uns offener und liebevoller machen kann.

Heute tendieren viele Menschen dazu, selbstbewusst zu sein und ihr Leben möglichst selbst im Griff zu haben. Dazu werden sie unter anderem von der aktuell vorherrschenden Kultur des Individualismus und Liberalismus angehalten. Die damit einhergehende Betonung von Selbstermächtigung und Autonomie lässt allerdings oft vergessen, dass auch moderne Menschen nicht alles in der Hand haben.

Wir sind endliche und verletzliche Lebewesen. Totalitätserwartungen an uns und unsere Mitmenschen überfordern uns. Bei mir als Psychiater und Psychotherapeut suchen hauptsäch-

Lasset uns ihn lieben, denn er hat uns zuerst geliebt.
1. Johannes 4,19

lich Menschen Hilfe, die von belastenden Lebenssituationen überfordert und von sich oder ihren Mitmenschen enttäuscht sind. Sie erleben sich in Depressionen oder Angststörungen häufig von Mitmenschen psychisch verletzt oder werten sich wegen eigenen Scheiterns selber ab. Der bekannte Theologe Fulbert Steffensky schreibt zurecht: «Das, wovon wir eigentlich leben, können wir nicht herstellen: nicht die Liebe, nicht die Freundschaft, nicht die Vergebung, nicht die eigene Ganzheit und Unversehrtheit. Man kann sich nicht selbst beabsichtigen, ohne sich zu verfehlen.»

Das ist mit ein Grund, dass die Evangelisch-reformierte Kirche in ihrer 500-jährigen Geschichte stets den Begriff der Gnade hervorgehoben hat. Gnade kann als Geschenk Gottes verstanden werden, als Ausdruck seiner Liebe. Liebe, wie Gnade, ist aber nie unpersönlich. Als allgemeiner theologischer Begriff verliert sie ihre Kraft. So hat mich als Kind weniger die allgemeine Gottesliebe beeindruckt, mithin die abstrahierende Aussage «Gott ist die Liebe», als vielmehr der Zusatz «Er liebt auch mich». Man kann das als kindlichen Narzissmus interpretieren. Das wäre allerdings nicht ganz richtig. Wenn die Liebe Gottes nicht persönlich erfahren wird, bleibt sie in der Regel ohnmächtig. Die allgemeine Gottesliebe bekommt ihre Kraft meist dadurch, dass Menschen sie persönlich vermitteln und liebend umsetzen – wie ich das bei meinen Eltern erfahren habe.

Man soll den Glauben nicht psychologisieren. Es ist aber interessant, dass heute in der Psychologie immer häufiger traditionell christliche Einstellungen und Haltungen aufgenommen und in säkularisierter Form weiterempfohlen werden. So sind Glaube (als Vertrauen), Hoffnung und Liebe für viele Psychotherapeuten wichtige Ressourcen. Sie haben sich als wesentlich für die psychische Gesundheit erwiesen. Doch zum individuellen Besitz gemacht, fehlt ihnen das Tragende. Sie sind nicht Zweck, sondern Erfüllung.

Zum Leben! Jesus als Transparent von Israels Gott

Klaus Wengst

Der vollständige Satz, den Jesus an dieser Stelle des Johannesevangeliums sagt, lautet in einer anderen möglichen Übersetzung: «Wer mein Wort hört und dem vertraut, der mich geschickt hat, lebt auf immer und kommt nicht ins Gericht, sondern ist vom Tod zum Leben hinübergeschritten.» Jesus sagt hier nicht: Wer mein Wort hört und an *mich* glaubt. Sein Reden will zum Vertrauen auf Gott verlocken. Auf Gott verweist er als den, der ihn beauftragt hat. Als dessen Botschafter wirkt er.

Im Johannesevangelium ist auch vom Glauben an Jesus die Rede, aber nie isoliert. Immer bezogen auf Gott. Das wird an anderer Stelle besonders deutlich, wenn der Evangelist Jesus sagen lässt: «Wer an mich glaubt, glaubt nicht an mich, sondern an den, der mich geschickt hat.» (Joh 12,44.) Es geht nicht um einen isolierten Glauben an Jesus. Worum es vielmehr geht: Wahrnehmen, dass im Reden, Handeln und Erleiden Jesu Gott gegenwärtig ist und wirkt. Der auf Jesus blickende Glaube macht sich an Gott fest, der hier zur *Wirkung* kommt. Der Bote ist nicht identisch mit dem, der ihn sendet. Aber in der Ausführung des Auftrags steht er an dessen Stelle. Die Unterschiedenheit zwischen dem Boten und dem, der ihn sendet, wird schlaglichtartig daran deutlich, dass die genannte Aussage schlechterdings nicht umkehrbar ist. Jesus könnte nicht sagen: «Wer an den glaubt, der mich gesandt hat, glaubt nicht an den, der mich gesandt hat, sondern an mich.» Das unterstreicht die Fortsetzung im nächsten Vers: «Und wer mich sieht, sieht den, der mich geschickt hat.» Es geht darum, im Boten den zu sehen, der ihn beauftragt hat. Es geht um eine «Sicht» Jesu, die in ihm das Wirken Gottes erkennt. Jesus ist gleichsam das Transparent Gottes.

Und wer Gott ist, muss Jesus nicht erst noch erklären. Er setzt Gott als bekannt voraus. Karl Barth hat vor fast hundert

Jesus Christus spricht:
Wer mein Wort hört
und glaubt dem,
der mich gesandt hat,
der hat das ewige Leben.
Johannes 5,24

Jahren darauf hingewiesen, dass es «merkwürdigerweise im ganzen Johannesevangelium keine Stelle» gibt, an der Jesus ein Zeugnis über den Vater ablegt, sondern immer nur umgekehrt der Vater über Jesus und Jesus über sich selbst. «Jesus, der unbekannte Sohn Gottes, wird bekannt durch den bekannten Vater. [...] Der Vater aber ist bekannt.» «Der Vater» ist der in Israels Heiligen Schriften bezeugte Gott, der Himmel und Erde gemacht, der Israel erwählt und befreit hat, der Bund und Treue hält: der Gott Abrahams, Isaaks und Jakobs. Zum Glauben an Gott, zum Vertrauen auf Gott lädt Jesus ein. Wer ganz und gar auf Gott vertraut, sich in die Hände dessen begibt, der alles in Händen hat, kann nicht verloren gehen, ist «aufgehoben».

Die in solchem Vertrauen ihren Weg gehen, werden auf Gottes Weisung hören und darauf antworten. Sie tun es in einem in Verantwortung vor Gott geführten Leben. Das ist wirkliches Leben, das Verheissung hat. Sie müssen nicht erst Antwort geben im Gericht. Die Rede von Gottes Gericht hält fest, dass Übeltäter sich nicht mit ihrem Tod aus der Verantwortung gegenüber Gott stehlen können. Es gibt einen Tod vor dem Tod, eine Lebensführung, die den Namen «Leben» nicht verdient. Die Aussage von Prediger 9,5: «Die Toten wissen gar nichts» wird in der jüdischen Tradition so ausgelegt: «Das sind die Frevler, die selbst bei Lebzeiten ‹Tote› genannt werden.» Dagegen gelten «die Gerechten», Menschen, die sich an Recht und Gerechtigkeit orientieren und also recht handeln, als «die Lebendigen». Das Vertrauen auf den lebendigen Gott äussert sich in einem dem Leben dienlichen Handeln. Der Übertritt vom Tod zum Leben erfolgt immer auch schon jetzt.

Wir Christenmenschen aus der Völkerwelt sind mit unseren Vorfahren durch die Verkündigung von Jesus zu Israels Gott als dem Einen hinzugekommen und setzen unser Vertrauen auf ihn – im Leben und im Sterben. Er überlässt uns nicht dem Nichts. Die sich ihm anheimgeben, lässt Gott «daheim» sein – und das «auf immer».

Literaturnachweis

Karl Barth, Erklärung des Johannes-Evangeliums (Kapitel 1–8), hg. von Walther Fürst, Zürich 1976, S. 365–366.

Weihnachten in verschiedenen Melodien

Martina Tapernoux-Tanner

«Ehre / sey Gott in der / Hoehe /
Friede auf Erden / und /
den Menschen ein Wohlgefallen.» (Lk 2,14.)

So klingt Weihnachten. Nachdem Jesus geboren wurde, lobten die Engel der himmlischen Heerscharen Gott und riefen diese Worte den überrumpelten Hirtinnen und Hirten zu. Plötzlich beginnt auf einem Feld – weit weg von allen grossen Bühnen der Welt – eine himmlische Performance. Haben die Engel gesungen? Oder war es eine Art himmlischer Rap? Das Lukasevangelium lässt das offen. Ich persönlich kann mir Gotteslob ohne Musik nicht vorstellen. Jedenfalls werden die Hirteninnen und Hirten mitgerissen von dieser himmlischen Darbietung.

Das Lukasevangelium erzählt aber nicht nur von einer himmlischen Performance. Die Geschichte von Jesu Geburt ist verwoben mit einer zweiten Tonspur. Die Hintergrundmusik zum himmlischen Spektakel an Jesu Geburtstag ist düster. Sie besteht ausschliesslich aus menschlichen Worten und weltlichen Klängen. Diese andere Hintergrundmusik ist intensiv und laut. Sie dringt durch alle Ritzen des Lebens und dröhnt in allen Räumen des Alltags. Die zweite Tonspur klingt nach Unterdrückung durch das Römische Reich, nach Entrechtung von Frauen und Menschen mit Behinderung. Sie vertont die Härte des Lebens und die Ungerechtigkeiten der Welt. Wir alle kennen diese Musik. Sie dröhnt uns aus der Zeitung und der Tagesschau entgegen. Die Orte, an denen sie spielt, wechseln. Der Klang der Musik bleibt.

Zum Glück kennen wir auch die himmlische Tonspur. Vermutlich spielt die himmlische Musik ununterbrochen. Sie ist aber weniger laut als die weltliche. Kein Wunder, dass wir sie

Ehre sei Gott in der Höhe
Friede auf Erden und den
Menschen ein Wohlgefallen.
Lukas 2,14

häufig nicht hören. Aber damals, an Weihnachten, war das anders. Der Chor der himmlischen Heerscharen drehte richtig auf und gab alles. In jener Nacht war die himmlische Tonspur unüberhörbar. Mindestens für die Hirtinnen und Hirten, die in der Nähe von Betlehem Schafe hüteten.

An Weihnachten hat sich Gott für einen Ortswechsel entschieden und hat sich unter das Volk gemischt. Seine Musik spielte nicht mehr «in der Höhe», sondern auch auf der Erde. Viele Menschen sind Jesu Tonspur gefolgt. Sie haben seine Melodien übernommen und mitgesummt. Die schwangere Teenagerin Maria hat ein Protestlied angestimmt. Darin heisst es unter anderem: «Gott hat Mächtige von Thronen hinabgestossen und Niedrige erhöht. Hungrige hat er mit Gütern erfüllt und Reiche leer fortgeschickt» (Lk 1,52–53). Gottes Musik begann in vielen Leben zu klingen. Der Verstummte hat seine Sprache wiedergefunden. Gottes Rhythmus und sein Schwung waren ansteckend und haben Menschen motiviert, mit Jesus durchs Leben zu tanzen. Die verkrümmte Frau hat den aufrechten Gang wieder gelernt. So hat sich die Art und Weise, Gott zu ehren, verändert. Wer in Gottes Musik einstimmt, hilft, dass die weltlichen Klänge übertönt werden. Und warum nicht jemandem, dem die weltliche Musik in den Ohren dröhnt, ein himmlisches Lied vorsingen?

Die Engelsworte aus dem himmlischen Weihnachtskonzert stehen auf der Betglocke in Speicher, und sie sind auch in Hundwil und Herisau an den Glocken zu finden. Jedes Mal, wenn in Speicher diese Glocke läutet, legt sich die himmlische Tonspur über das ganze Dorf. Sie übertönt dann die weltlichen Klänge und erinnert daran: «Ehre / sey Gott in der / Hoehe / Friede auf Erden / und / den Menschen ein Wohlgefallen.» Das heisst, Gott begegnet uns Menschen wohlwollend. Wir sollen ihn ehren. Dabei entsteht Frieden.

So wie 1974 in Speicher. Damals wurde die katholische Kirche eingeweiht. Leider passten die beiden Geläute nicht zusammen. Sie klangen nicht harmonisch. Die reformierte Kirchgemeinde entschied sich, ihre Glocken neu zu stimmen.

Aus einem Geläut in B-Dur wurde eines in A-Moll. Dafür musste eine ausrangierte Glocke wieder in Betrieb genommen und eine zweite anders gestimmt werden. Das «reformierte» Geläut passt jetzt von der Tonart her zu den Kirchenliedern «Nada te turbe» (RG 706) und «Laudate Dominum» (RG 71). Und die Glocken der beiden Kirchen harmonieren. Zusammen verweisen sie mit ihrem Geläut die Menschen aus Speicher und Umgebung immer wieder auf die himmlische Tonspur. Mindestens für einen Moment.

Kindergeschichten

Luzia Sutter Rehmann

Eine idyllische Szene: Jesus mit wunderbarem roten Mantel, in einem naturgebleichten Ärmelkleid mit violetten Streifen, und ein kleiner Junge schmiegt sich an ihn, während er seine Hand über ein kleines Mädchen hält. «Lasst die Kinder zu mir kommen!» (Mk 10,14) – kann aber heute angesichts der Missbrauchsproblematik skeptisch gelesen werden.

In den Evangelien kommen Kinder an vielen Stellen vor. Sie gehören zu den Kleinen, die Hunger, Gewalt und Krieg am härtesten trifft. Auch heute sind laut UNICEF mehr als 36 Millionen Kinder und Minderjährige auf der Flucht. Das Markusevangelium wurde wenige Jahre nach einer ungeheuren Gewaltwelle gegen die jüdische Bevölkerung in der Provinz Syria-Palästina geschrieben. Gewalt führte zu Gegengewalt. Schliesslich schickte Rom seine Legionen und brannte alles nieder, inklusive der blühenden Kleinstädte Galiläas und des herrlichen Jerusalems.

Im Markusevangelium gibt es drei grosse Erzählungen von Eltern, die um ihr Kind kämpfen. Sie erzählen von Kindern, die dem Tod näher sind als dem Leben. Einmal ist es ein kleiner Junge, der sterben will (Mk 9), einmal ein Töchterchen, das im Schatten eines Dämons lebt (Mk 7), einmal ein Mädchen, das nichts mehr isst und stirbt (Mk 5). Keine dieser Geschichten will eine medizinische Diagnose stellen, sondern Empathie wecken für die Kleinen, die nächste Generation, deren Lebenskraft bedroht ist.

Auch heute können wir von apathischen Kindern lesen, die in Flüchtlingslagern zum Beispiel auf der griechischen Insel Lesbos leben. Sie kamen gesund an, doch sie erkrankten nach einiger Zeit schwer. Sie fielen in einen Zustand, der lebensbedrohlich werden konnte: So schreibt die Journalistin Silke

Lasst die Kinder zu mir kommen!
Markus 10,14

Ausschnitt aus dem rechten Chorfenster in der Kirche von Walzenhausen. Darstellung von Mk 10,13–16.

Weber in der Zeitung «Die Zeit» vom 20. Februar 2020: «Die siebenjährige Nazanin lächelt überhaupt nicht mehr. Sie malt auch nicht mehr, spricht nicht mehr, und das Essen hat sie fast aufgegeben. Nazanin hockt auf dem Boden der dunklen Hütte, ein Bett gibt es nicht, und starrt ins Leere. Es ist, als würde sie durch uns hindurchgucken, sagt die Mutter.»

Im selben Beitrag über das Flüchtlingslager auf Lesbos berichtet eine andere Mutter: «Manchmal hat Raziya solche Angst, dass ‹ihr Hirn durcheinandergerät›, so beschreibt es die Mutter. Sie bekomme Halluzinationen, sehe plötzlich ihre Hände blutverschmiert, habe Todesvisionen. In diesen Momenten fühle sich alles um Raziya herum für sie hart und abstossend an, sogar die Hände ihrer Mutter empfinde sie dann wie Metall, kalt, hart, schwer. Auch Raziya spricht kaum noch; wenn sie es versucht, muss sie sofort weinen. Die meiste Zeit schläft sie. Früher sei sie ein mutiges Mädchen gewesen. Kampfsport sei ihr liebstes Hobby gewesen.»

Die Kinderpsychologin Katrin Glatz Brubbak erzählt in einem Interview in der Wochenzeitung vom 18. März 2021, was sie auf den griechischen Flüchtlingsinseln gesehen hat: «Sie leiden unter allem, worunter Kinder psychisch leiden können: Albträume, Konzentrationsschwierigkeiten, niedrige Frustrationstoleranz, Aggressivität sowie Panikattacken. Manche Kinder ziehen sich fast vollständig von der Welt zurück. Sie spielen nicht mehr, manche haben seit acht Monaten kaum ein Wort gesprochen. Andere sind so apathisch, dass sie nicht mehr selber essen und gefüttert werden müssen. Sie sind so antriebslos, dass sie nicht einmal mehr selber zur Toilette gehen.»

Das Markusevangelium weiss, dass Gewalt und Hoffnungslosigkeit diese Kinder zermürbt, längst bevor unsere Medizin dies beschreiben konnte. Es weiss, dass diese Kleinen dringend einen Ort brauchen, wo sie sich erholen können. Seine drei grossen Kindergeschichten lese ich als Appell, für diese Kinder unbedingt einzutreten. Das Glasgemälde mit Jesus und den Kindern in der Kirche von Walzenhausen wirkt vielleicht etwas romantisierend, aber es unterstreicht diesen Appell eindringlich.

Hinweis

Der hier vorgestellte Vers findet sich ebenfalls ins Bild gesetzt an der Decke der reformierten Kirche Trogen und als Glockeninschrift in den reformierten Kirchen von Herisau, Hundwil, Stein und Wald.

Literaturnachweis

Das stille Drama von Lesbos: Sie schlagen ihren Kopf gegen die Wand. Interview von Philipp Hedemann mit Katrin Glatz Brubbak, in: WoZ, Nr. 11, 18.3.2021, S. 7.

Silke Weber, Im Flüchtlingslager auf Lesbos grassiert eine sonderbare Krankheit. Augenscheinlich gesunde Kinder verfallen plötzlich in totale Apathie. Hilfe ist nicht in Sicht, in: Die Zeit, Nr. 9, 20.2.2020, S. 8–9.

Luzia Sutter Rehmann, Dämonen und unreine Geister. Die Evangelien, gelesen auf dem Hintergrund von Krieg, Vertreibung und Trauma, Gütersloh 2023.

Ein fundierter Glaube

Ein Grundzug im Selbstverständnis der Evangelisch-reformierten Kirche ist die Überzeugung, dass Glaube auf persönlicher Erkenntnis beruht. Es geht nicht um ein Fürwahrhalten dogmatischer Glaubenssätze, sondern um ein erfahrungsbasiertes Erkennen, worauf ich mich existenziell verlassen kann, das mich trägt und leben lässt. Ein anschauliches Beispiel ist die Glaubenserfahrung von Maria aus Magdala. Ihre Geschichte gibt Zeugnis davon, dass in der Nähe des Göttlichen das eigene Leben aus der Zerrissenheit zur Einheit, aus der Verlorenheit zur Geborgenheit zurückfinden kann. Für die Frau aus Magdala wurde die Begegnung mit Jesus von Nazareth zum Wendepunkt und Neubeginn; sie vertraute ihm, setzte auf seine Botschaft und folgte seinem Weg (Lk 8,1–2). Auch sein Tod vermochte ihre Gewissheit nicht zu zerstören; die Kraft seiner Person und seiner Liebe wirkte fort.

Christlicher Glaube beginnt dort zu keimen und Wurzeln zu schlagen, wo jemand hört oder liest, was ihm im Namen des Evangeliums gesagt wird, oder wo jemand auf einen Menschen trifft, der das Evangelium glaubwürdig lebt. Von Beginn an erhielten deshalb die Verkündigung und die Bildung innerhalb der Reformierten Kirche eine zentrale Bedeutung. Bildung im Sinn von Lesekundigsein, von Verständigwerden, von Gewissens- und Herzensbildung, von der Entfaltung einer verantwortungsbewussten Persönlichkeit.

Die Betonung der persönlichen Erkenntnis und die Förderung der direkten Begegnung mit dem in der Bibel vielstimmig bezeugten Evangelium erklären das breite Spektrum an Glaubenswegen, Glaubensauffassungen und Bekenntnissen im protestantischen Raum.

Erkenntnis setzt Offenheit und Dialogbereitschaft voraus. Sie wächst in der Auseinandersetzung mit dem biblischen Erbe, im Gespräch mit Anderen und im Gebet. Vom anfänglichen Selbstverständnis her ist dem reformierten Glauben jeglicher Fundamentalismus – im Sinn einer ideologischen Verengung – zutiefst fremd. Reformiert sein heisst fähig sein, eine gewisse Differenzverträglichkeit an den Tag zu legen.

Gott bildet

Rita Famos

Vom «Herr, lehre uns!» (Lk 11,1) führt eine direkte Spur zum protestantischen Bildungsethos. Glaube ist für die Reformatoren nicht nur eine Gefühlssache oder eine Einübung bestimmter Praktiken, sondern eine Lebensweise, die den ganzen Menschen beansprucht, herausfordert und bildet. Dass Bildung mehr ist als die Kenntnis einer Anleitung und etwas anderes meint als abrufbares Wissen über eine Sache, daran erinnert uns der Klang der Glocke im Turm der reformierten Kirche von Wald AR mit der Inschrift des Wortes aus dem Lukasevangelium.

Die Jünger bitten Jesus in der Erzählung, aus welcher der Satz stammt, nicht um eine generelle oder abstrakte Unterweisung. Ihre Bitte ist spezifisch: «Herr, lehre uns beten, wie auch Johannes seine Jünger beten gelehrt hat.» Offensichtlich erkennen sie in Jesus ihren Lehrer, ihren Rabbi. Wie Johannes seinen Schülerkreis beten gelehrt hat, soll nun Jesus sie darin einführen, wie man richtig betet. Das Evangelium erzählt, dass Jesus selbst zuvor lange gebetet hat. Womöglich hat das den Jüngern gezeigt, dass ihm das Gebet sehr wichtig ist und in ihnen den Wunsch geweckt, auch beten zu können. Vielleicht haben sie sich daran erinnert, dass Jesus, bevor er zwölf seiner Jünger zu Aposteln berief, die ganze Nacht gebetet hatte.

Wahrscheinlich haben die Jünger sich vorgestellt, dass das Beten eine besonders schwierige Sache sei, in die sie eingeweiht werden müssen. Warum sonst soll ihr Lehrer so viel Zeit dafür aufwenden? Aber Jesu Antwort ist kurz: «Wenn ihr betet, so sprecht: Vater, dein Name werde geheiligt. Dein Reich komme. Das Brot, das wir nötig haben, gib uns Tag für Tag. Und vergib uns unsere Sünden; denn auch wir vergeben jedem, der an uns schuldig wird. Und führe uns nicht in Versuchung» (Lk 11,2–4).

Herr, lehre uns!

Lukasevangelium 11,1

Das klingt nicht kompliziert. Und vielleicht haben sich die Jünger gewundert und gefragt, warum ihr Lehrer denn stunden- und nächtelang betet. Das Lukasevangelium scheint diese Frage zu erahnen. Denn an Jesu Antwort schliesst unmittelbar ein weiteres Lehrstück an. Es handelt vom hartnäckigen, unverschämten Bitten, das zum Ziel führt: «Bittet, so wird euch gegeben; sucht, so werdet ihr finden; klopft an, so wird euch aufgetan. Denn wer bittet, empfängt; wer sucht, der findet; wer anklopft, dem wird aufgetan» (Lk 11,9–10). Vielleicht betet Jesus so lange, weil er im Bitten nicht nachlassen will? Das ist eine Möglichkeit. Eine weitere bietet Luthers Kleiner Katechismus.

Er führt uns im dritten Teil durch das «Unser Vater»-Gebet und erklärt in kurzen Worten die einzelnen Abschnitte. Warum sprechen wir Gott als Vater an? Damit wir ihn getrost bitten und Vertrauen haben wie Kinder zu einem lieben Vater. Womöglich brauchen wir dafür schon stunden-, nächte- oder jahrelang. Für Luther meint die Bitte um das tägliche Brot mehr, als um Brot zu bitten. Sie zielt darauf ab, dass wir eine Haltung entwickeln, in der wir das Brot dankbar empfangen. Und nicht nur das Brot: «Alles, was not tut für Leib und Leben, wie Essen, Trinken, Kleider, Schuh, Haus, Hof, Acker, Vieh, Geld, Gut, fromme Eheleute, fromme Kinder, fromme Gehilfen, fromme und treue Oberherren, gute Regierung, gut Wetter, Friede, Gesundheit, Zucht, Ehre, gute Freunde, getreue Nachbarn und desgleichen.» Luther geht es nicht darum, dass wir das «Unser Vater»-Gebet einfach aufsagen oder mitsprechen können. Das Gebet muss in uns ankommen, eigene Bilder in uns aufrufen, wenn wir es sprechen, uns selbst mit den Wünschen und Bitten des Gebets verbinden.

Täglich klingt die «Herr-lehre-uns-Glocke» aus dem Kirchturm von Wald AR. Sie hilft uns, diese Haltung einzuüben. «Herr, lehre uns beten», bedeutet auch: Hilf uns, Gott zu vertrauen. Hilf uns, Dankbarkeit zu spüren. Unsere Augen auf Gottes Reich auszurichten. Nicht nachtragend zu sein. Mit Vergebung zu rechnen. Und schenke uns, dass wir nicht an der Welt scheitern.

Bildung ist mehr als Wissen, mehr als die Fähigkeit, Lesen und Schreiben zu können. Alles Wissen und alle erworbenen Fähigkeiten dienen der inneren Umbildung und Neubildung des Menschen. Wenn der Herr uns beten lehrt, so bildet uns Gott neu. Von innen her, bis unser Beten ansteckend wird und Gottes Reich kommt.

Literaturnachweis

Martin Luther, Der Grosse und der Kleine Katechismus, ausgewählt und bearbeitet von Kurt Aland und Hermann Kunst, 3. Auflage, Göttingen 2003.

Getragen vom Klang

Alfred Stricker

Das Appenzeller Landsgemeindelied «Ode an Gott» berührt in meiner persönlichen Gefühlswelt so ziemlich alles, was Musik in mir auszulösen vermag. Warum eigentlich? Ist es der Text oder der Klang? Oder die Kombination? Oder der Kontext, wenn das Lied erklingt?

Seit ihrer letzten Durchführung im Frühjahr 1997 ist die Ausserrhoder Landsgemeinde Vergangenheit. Als soziokulturelle Klammer des Kantons war sie weit mehr als eine politische Versammlung. Sie führte Jahr für Jahr am letzten Aprilsonntag Tausende von Menschen zusammen. Der kollektive Gesang des Landsgemeindeliedes zu Beginn der Zusammenkunft erzeugte einen Raum von Gemeinsamkeit, von Zusammengehörigkeit, von emotionaler Kraft und von Würde für die nachfolgenden politischen Geschäfte. Eine geballte Wirkung von Text und Klang.

Die Landsgemeinde ist verschwunden, nicht aber das Lied. Im Gegenteil. Es wird heute viel mehr gesungen als damals. Das Werk wurde als Appenzellische Hymne in den letzten Jahren prägend für den Kanton. Das Landsgemeindelied beginnt mit den Worten: «Alles Leben strömt aus Dir.»

Regelmässig habe ich die Möglichkeit das Lied gemeinsam mit anderen zu singen. Es kommt mir jeweils vor, als habe das Lied einen direkten Draht zu meiner Seele. Dabei spielt es keine Rolle, ob der Anlass eine Hochzeit, eine Beerdigung, ein würdevolles Fest wie beispielsweise eine Wahlfeier oder die Hauptversammlung der Appenzellischen Offiziersgesellschaft ist. Es berührt mich immer und immer wieder. Es ist eine unübertreffliche Kombination: Die Melodie des Appenzeller Komponisten Johann Heinrich Tobler verschmilzt mit dem Text der deutschen Schriftstellerin Caroline Rudolphi. Diese Symbiose von Klang und Text sind für mich das Geheimnis des Liedes.

Alles Leben strömt aus Dir.

Reformiertes Gesangbuch, Nr. 520,
siehe Psalm 36,9

Die «Ode an Gott» ertönt meistens an Veranstaltungen, die mit Werthaltungen wie Vertrauen und Verantwortung oder mit Emotionen wie Freude oder Trauer zu tun haben. Es geht um Anlässe, bei denen die kollektive Energie eine wichtige Rolle spielt. Das Lied wird zum klanglichen Selbstausdruck der jeweiligen Gemeinschaft, stärkt durch das gemeinsame Singen den Zusammenhalt, das Wir-Gefühl, und lässt gleichzeitig erfahren, dass wir von etwas Göttlichem getragen sind, das weit über uns hinausgeht. Es ist das, was letztlich trägt. Diese klingenden Erkenntnisse sind zu pflegen, zu festigen und zu verinnerlichen. Zum Beispiel beim gemeinsamen Gesang des Landsgemeindeliedes (RG 520).

Getragensein hat für mich viel mit Glauben und Vertrauen zu tun. Glaube und Vertrauen liegen nahe beieinander. Sie sind nicht messbar. Alle Versuche, Glaube und Vertrauen zu quantifizieren, scheitern darum kläglich. Glaube ist persönlich und individuell. Vertrauen ist die zentrale Grundlage für eine funktionierende Gesellschaft. Es ist auch unabdingbare Voraussetzung für gemeinsame Erfolge, für Stabilität. Ohne Vertrauen bringen wir nichts auf die Reihe, schon gar nicht in der Politik. Und damit sind wir beim Begriff der Verantwortung. Wer Verantwortung übernimmt, braucht das Vertrauen der anderen und umgekehrt. So gesehen sind Glaube, Vertrauen und Verantwortung ein unzertrennliches Trio. Sie sind wichtige Elemente der christlich geprägten abendländischen Kultur. Tragen wir Sorge dazu!

Zum Schluss: Ich gebe zu, Texte auswendig zu lernen ist nicht meine Lieblingstätigkeit. Beim Zauren fällt dieser Teil weg. Es geht fast ausschliesslich um den Klang. Darum höre oder singe ich auch gern ein Zäuerli, zum Beispiel jenes, das in Jodlerkreisen den Titel «De Psalm» trägt. Auch der Klang der Senntumschellen hat es mir angetan. Ihr Dreiklang besteht häufig aus den ersten drei Tönen des Weihnachtsliedes «Stille Nacht» (C – Dis – F). Der Schellenklang vereinigt mit dieser Tonkombination Harmonie, Disharmonie und Melancholie.

Dem Zauber dieser klanglichen Mischung kann und will ich mich nicht entziehen, immer wieder aufs Neue.

Die unendliche Vielfalt von Tonkombinationen, von Takt, Rhythmus und Text macht Musik zur unverzichtbaren Begleitung der Menschen in der Gesellschaft. Als Regierungsrat und Vorsteher des Departements Bildung und Kultur von Ausserrhoden erfüllt es mich darum mit grosser Freude, dass in den Kirchen nebst dem Gesang des Landsgemeindeliedes auch viel «zauret und gjuuchzet» wird. Die Grubenmann-Kirchen im Appenzellerland sind dafür auf jeden Fall sehr geeignet und somit passend für tragende Klänge in der ganzen Breite, die es gibt.

Der Gefundene sucht mit dem Herzen

Lars Syring

Der Spruch an der Wand der reformierten Kirche in Bühler erinnert uns: «So ihr mich von ganzem Herzen suchen werdet, so will ich mich von euch finden lassen.» So spricht Gott. Davon berichtet der Prophet Jeremia (Jer 29,13–14). Generationen vor uns haben diesen Satz gelesen. Waren mit ihm unterwegs. Nach der Renovation steht er nun wieder da, in einer etwas moderneren Schrift. Er gibt uns das Versprechen, dass, wer sucht, auch findet. Dass da einer ist, der sich finden lassen will.

Gehen wir auf Spurensuche. Erstens: Die Suche nach Gott läuft über das Herz. Nicht so sehr über den Verstand. Die Zangen der Logik können Gott nicht fassen. Unser Vertrauen auf Gott ist eine Herzensangelegenheit. Keine Kopfgeburt. Nur durch schlaue Gedanken können wir uns Gott kaum nähern. Die sind zwar interessant. Wirklich nützen tun sie aber wenig. Denn wer analytisch denkt, muss Distanz halten. So wie ein Arzt, der einen Patienten operiert. Der muss in dem Moment in Distanz zu dem Menschen gehen. Sonst kann er ihn nicht aufschneiden. Da darf die Beziehung zu dem Menschen nicht im Zentrum stehen.

Erst wenn ich die Distanz aufgebe, kann ich einen Weg finden, mit Gott zu leben. Da ist die Frage nach der Logik, nach Gottesbeweisen, nicht wirklich hilfreich. Ob ich mit Gott leben kann, merke ich erst, wenn ich es ausprobiere. Wenn ich nicht mehr über Gott rede, sondern mit ihm. Wenn ich die kritische Distanz aufgebe und mich einlasse. Wie das gehen kann, daran erinnert das Kreuz neben dem Spruch. Diesem Jesus glaube ich seinen Gott. So wie er gelebt, wovon er erzählt hat, so ist Gott. Oder ich glaube den anderen Männern und Frauen, von deren Gottessuche die Bibel berichtet. Jeremia schreibt unmittelbar vor den genannten Versen: «Denn ich weiss wohl, was

So ihr mich von ganzem Herzen suchen werdet, so will ich mich von euch finden lassen.

Jeremia 29,13–14

ich für Gedanken über euch habe, spricht der Herr: Gedanken des Friedens und nicht des Leides, dass ich euch gebe Zukunft und Hoffnung. Und ihr werdet mich anrufen und hingehen und mich bitten, und ich will euch erhören. Ihr werdet mich suchen und finden; denn wenn ihr mich von ganzem Herzen suchen werdet, so will ich mich von euch finden lassen, spricht der Herr, und will eure Gefangenschaft wenden.»

Es geht um eine Zukunft, um Hoffnung und um Freiheit. Das wird sich klären für den, der Gott sucht. Und über die Erfahrungen, die ich dann mache, lohnt es sich nachzudenken. Und abzuwägen. Wie verändert sich mein Alltag nach diesen Erfahrungen? Wird er liebevoller? Breitet sich Friede aus? Das ist die alte Unterscheidung der Geister.

Zweitens: Wer mit dem Herzen sucht, lernt anders und anderes zu sehen. Wird sensibler und aufmerksamer. Und entdeckt Spuren Gottes im Alltag, in der Natur, im Leben. Entdeckt, wie sich die unendlichen Absichten Gottes entfalten. Gott versteckt sich nicht. Wir sind ihm nicht gleichgültig. Im Gegenteil: Er möchte sich finden lassen. Unser Satz an der Wand ist eine Einladung.

Drittens: Wer der Einladung folgt, macht eine überraschende Entdeckung. Wir finden, was schon lange da ist. Seit allem Anfang atmet Gott seinen Atem in uns. Seit allem Anfang ist Gott in uns. Das Seltsame ist, dass wir das jenseits von Eden erst entdecken müssen. Dass Gott zwar in und durch uns wirkt. Aber eben ohne dass es uns bewusst ist. Wenn wir diese Beziehung beginnen, dann wird das alles klarer. Dann entdecken wir das Paradox, dass wir unsere Suche nach Gott als bereits von Gott Gefundene beginnen. Wir entdecken die Gottesgegenwart und feiern unser persönliches Weihnachten. Dann kommt Gott in uns zur Welt.

Viertens: Versuchen wir es noch mal von einer anderen Seite: Wir suchen Gott, so wie ein Fisch das Wasser sucht. Er ist längst davon umgeben. Besteht sogar selbst zum grössten Teil aus Wasser. Es ist das Wasser, das ihn nährt und trägt. Und es ist das Wasser, in dem er eines Tages stirbt. Vorausgesetzt, er wird nicht vorher geangelt. Aber das ist eine andere Geschichte.

Gottes Versprechen an der Wand der reformierten Kirche in Bühler gilt: «So ihr mich von ganzem Herzen suchen werdet, so will ich mich von euch finden lassen.»

Brot und Wort des Lebens

Andrea Anker

Auf dem Abendmahlstisch der evangelischen Kirche Teufen, 1959 kunstvoll gefertigt von der Schreinerei Ernst Engler, steht auf der Vorderseite dieser Vers aus dem Johannesevangelium. Ausgerechnet! Kennt doch Johannes als einziger der vier Evangelisten keine Überlieferung des letzten Mahls mit den bekannten Einsetzungsworten Jesu («Dies ist mein Leib …»). Stattdessen erzählt er von der Fusswaschung, mit der Jesus seinen Jüngern einen Liebesdienst erwies. In diesem Zeichen sieht Johannes das Vermächtnis Jesu. Das «Brot» hingegen und der «Weinstock» sind für ihn rein geistige Symbole. Man sollte nicht an ihnen haften bleiben, so als ob das physische Essen und Trinken als solches uns Vergebung und Erlösung bringen könnte. Es sind Bilder, die helfen, einen Zugang zu Jesus Christus, dem wahren Lebensbrot, und einen Zugang zum Glauben zu bekommen. Worauf es letztlich ankommt, ist: in Liebe mit ihm und untereinander verbunden zu sein (Joh, Kapitel 13–17).

Die reformierte Abendmahlstradition hat – in Abgrenzung zur katholischen und lutherischen Tradition – viel davon aufgenommen. Und insofern passt der Spruch aus dem Johannesevangelium wiederum gut auf den Tisch in Teufen. So wird in der reformierten Tradition das Abendmahl als symbolische Handlung verstanden, die an die erlösenden Ereignisse erinnert, aber nicht die tatsächliche physische Gegenwart von Christi Leib und Blut in Brot und Wein lehrt. Entsprechend fehlt auch die Vorstellung einer Wandlung (Transsubstantiation), bei der nach katholischer Lehre, Brot und Wein in die Substanz von Christi Leib und Blut umgewandelt wird. Ferner ist es typisch reformiert, das Abendmahl als Gemeinschaftsfeier im doppelten Sinn des Wortes zu zelebrieren: Man feiert in Gemeinschaft, idealerweise sogar um den Abendmahlstisch he-

Ich bin das Brot des Lebens.
Wer zu mir kommt,
wird nicht hungern;
und wer an mich glaubt,
wird nimmer mehr dürsten.

Johannes 6,35

rum im Kreis stehend, und man feiert die Gemeinschaft, die sich im Glauben stärkt und in Liebe unterstützt.

Die wichtigste Rolle beim Abendmahl spielt aber, wie könnte es anders sein, das Wort. Ohne das (ausgelegte) Wort der Schrift, das Klarheit und Verständlichkeit bringt und die Herzen berührt, sind die sakramentalen Handlungen leer und erfüllen ihren Zweck nicht.

Vom Wort der Heiligen Schrift her wurde die Abendmahlspraxis in der Reformationszeit kritisch hinterfragt und radikal neu gestaltet. In Teufen orientierte man sich dabei an den Schriften Ulrich Zwinglis. Der in Zürich wirkende Toggenburger war eng befreundet mit Jakob Schurtanner, der zwischen 1507 und 1525 Pfarrer in Teufen war und da früh für die Reformation eintrat. Zwingli argumentierte, dass die Heilige Schrift für alle (nicht nur für die Gelehrten) klar und eindeutig zu verstehen sei, sofern sie nicht von Vorurteilen geblendet seien und sich ganz auf Gottes Geist verliessen (siehe zum Beispiel Zwinglis Predigt «Die Klarheit und Gewissheit des Wortes Gottes» von 1522).

Insofern passt es auch, dass heute hinter den reformierten Abendmahlstischen deutlich mehr gesprochen, ja oft auch gepredigt wird, als Brot verteilt. Der Abendmahlstisch wird zur Kanzel, von der aus keine knurrenden Mägen gefüllt, sondern geistige Nahrung, Zuspruch und Stärkung angeboten oder besser gesagt weitergereicht werden. Jedenfalls ist dies der hohe Anspruch, mit dem sich Pfarrerinnen und Pfarrer konfrontiert sehen.

Wer als Pfarrerin oder Pfarrer in Teufen während des Einganspiels im Chorraum hinter dem Abendmahlstisch sitzt, liest unweigerlich auch den zweiten Bibelvers, der auf der Rückseite des Tischs ins Holz geschnitzt ist: «Schaffe in mir Gott ein reines Herz und gib mir einen neuen gewissen Geist. Verwirf mich nicht von deinem Angesicht, und nimm deinen heiligen Geist nicht von mir» (Ps 51,12–13). Mit dieser Bitte auf den Lippen, mit diesem Wissen um die eigene Fehlbarkeit und Bedürftigkeit sitzen und stehen reformierte Pfarrerinnen und Pfarrer hinter dem Tisch. Sie sind vor eine eigentlich unmögliche Aufgabe gestellt: als Menschen von Gott, als Unheilige vom Heiligen zu reden. Ohne die Präsenz und das Wirken des – unverfügbaren – Heiligen Geistes wäre dies ein gänzlich zum Scheitern verurteiltes Unterfangen.

Auch das «Brot des Lebens»: Das haben wir nicht, wir können es weder herstellen noch wandeln noch verwalten und aufbewahren. Tabernakel braucht es wirklich nicht! Wir können vom «Brot des Lebens» nur erzählen, beim Verteilen des ganz gewöhnlichen Brotes darauf verweisen, und wir können – im Glauben – von ihm zehren. «Im Glauben», das bedeutet im vorliegenden Zusammenhang, dass wir davon absehen, uns selbst die Hände zu füllen, uns selbst abzusichern, uns selbst zu rechtfertigen. Die Gnade Gottes genügt (2. Kor 12,9). Sowohl vor wie hinter dem Abendmahlstisch.

Ein Wohin im Unaushaltbaren

Antje Sabine Naegeli

Dunkle drohende Wolken ballen sich zusammen. Jesus ist auf dem schwersten Weg seines Lebens angekommen. Er weiss, was ihm bevorsteht. Er geht der Kreuzigung entgegen. Es ist Nacht. Er kämpft und ringt im Gebet im Garten Gethsemane. Seine Freunde bleiben innerlich und äusserlich im Hintergrund. Sie schlafen und lassen ihn allein. Äusserste Bedrängnis – Verlassenheit, Angst vor dem, was kommt – kennzeichnet die herrschende Situation. Eine bedrückende Szene. Und doch: Wie wesentlich ist dieses Erleben, dieses Erleiden für uns heute. Bedeutet es doch, dass wir einen göttlichen Freund haben, der die schwer erträglichen oder gar unerträglichen inneren Zustände kennt, in die wir als Menschen geraten können und in denen uns niemand bis in die inneren Abgründe zu folgen vermag, sei er auch noch so erfahren und einfühlsam. Das Inferno der Seele kann zudem Formen annehmen, die wir nur fühlen, nicht aber in Worte fassen können, und die uns buchstäblich sprachlos machen.

Das Leben kann uns Situationen zumuten, denen wir uns in keiner Weise gewachsen fühlen, die uns grenzenlos überfordern. Wir wissen das alle, klammern uns aber bewusst oder unbewusst immer wieder an die Hoffnung, dass es uns nicht treffen möge. Aber es kann uns treffen, und meistens trifft es uns unvorbereitet, denn es gibt Dinge, auf die wir uns nicht vorbereiten können, auch wenn wir um ihr Vorhandensein in der Welt wissen.

Die Gethsemaneszene sagt uns, dass es keinen Abgrund gibt, in dem wir mit unserem Leiden allein wären. Wir haben einen Leidensgenossen an der Seite, der durch Unfassbares hindurch gegangen ist, um uns nahe sein zu können in unserer Bedrängnis. Jesus zeigt uns, wo wir hingehen können, wenn

Meine Seele ist betrübt bis an den Tod.

Matthäus 26,38

Ausschnitt aus dem linken Chorfenster
in der Kirche von Walzenhausen.
Bildliche Umsetzung von Mt 26,36–44.

uns unsere Lebenssituation über den Kopf wächst und wir keinen Ausweg mehr sehen. Er betet und empfängt die Kraft, die ihn weitergehen lässt auf seinem Weg ans Kreuz. Er betet nicht erst in der notvollen Situation. Sein ganzes Leben war durchdrungen vom Gespräch mit seinem Vater.

In der tiefsten Erfahrung von Leid und Einsamkeit brauchen wir diese Hoffnung, dass Gott uns nicht im Stich lässt, dass er uns weitergehen hilft auch da, wo wir menschlich am Ende sind. Und wie oft ist unsere Not die, dass wir nicht gelernt haben, uns mitzuteilen, wenn wir leiden und es uns schlecht geht. Wir flüchten nicht selten in die Unempfindlichkeit, verpanzern uns innerlich, indem wir nicht hochkommen lassen, was uns quält. Zu oft im Leben, vielleicht schon von

Kind an, haben wir erfahren müssen, dass für unseren Schmerz kein Platz war, dass ihm nicht nachgespürt, sondern dass er übergangen und ignoriert wurde. Ablenkung und Billigtrost kennen wir wohl alle. Und so übergehen wir uns selbst auch, weisen Gefühle von Traurigkeit, Angst und Schmerz zurück, weil wir nicht gelernt haben, wie damit umzugehen.

Es ist gut, so meine ich, wenn wir nicht erst dann zu Gott fliehen, wenn nichts mehr geht, sondern immer wieder das Gespräch mit ihm suchen. Beten ist nicht «in». War es das je? Aber wer der Beziehung zu Gott Platz einräumt im täglichen Leben, darf erfahren, welch eine Kraftquelle sich dem betenden Menschen eröffnet. Ich bin überzeugt, dass niemand abgewiesen wird, der erst in der Not zu beten beginnt, aber es scheint mir um einiges leichter zu sein, wenn da bereits eine Vertrautheit besteht, wir den Ort kennen, das Du, dem wir uns zumuten dürfen, was immer geschieht. Beten heisst nicht verschont bleiben, obwohl auch das geschenkt werden kann, sondern Kraft und Hoffnung empfangen, begleitet und getragen sein. Wer sich Gott hinhält, darf wissen, dass das Leid dieser Welt nicht das Letzte ist. Immer ist es Durchgang. Durch das Kreuz hindurch ist Jesus auf Ostern, auf die Auferstehung zugegangen.

Das ist das Fundament auch unserer Hoffnung, dass all das Unbegreifliche, all das Lastende dieses Lebens Durchgang ist und wir auf ein Zuhause zugehen, in dem kein Leid mehr auf uns lastet.

Gottes Dienst am Menschen

In der reformatorischen Theologie wird Gottesdienst vorrangig als Dienst Gottes am Menschen verstanden. Im gottesdienstlichen Feiern, im Hören auf das Wort und im geteilten Mahl kommt die versammelte Gemeinde in Kommunikation mit Gott und Christus. Jesus sagt im Matthäusevangelium: «Wo zwei oder drei versammelt sind in meinem Namen, da bin ich mitten unter ihnen» (Mt 18,20). In Bezug auf die Art und Weise des Feierns haben sich über die Jahrhunderte vielfältige Formen herausgebildet. Aus diesem Reichtum lässt sich schöpfen. Gleichzeitig dürfen und sollen auch neue Formen entstehen, die den heutigen Menschen entgegenkommen.

Seit Beginn verspürten Christinnen und Christen das Bedürfnis, sich mit Gleichgesinnten zu treffen, sich untereinander und mit Gott zu verbinden, einander zu unterstützen, miteinander im Geiste Jesu Tischgemeinschaft zu halten und je neu auf das Evangelium zu hören, um daraus Vergewisserung, Rückhalt, Ermutigung und Stärkung zu erhalten.

Was in der gottesdienstlichen Zusammenkunft geschieht, hat grundlegende Bedeutung für den Alltag, für die Lebensgestaltung. Der Segen am Schluss der Feier bedeutet nicht die Entlassung im Sinn eines Hinter-sich-Lassens des Erfahrenen; im Zuspruch des Segens liegen vielmehr auch Berufung und Ausrüstung. Gottesdienst und Lebensführung sind ineinander verschränkte Bereiche.

Arbeit wurde im Christentum seit seinen Anfängen positiv bewertet; sie galt als Teilhabe an Gottes Schöpfungswerk und als Auftrag, die Erde «zu bebauen und zu bewahren» (1. Mose 2,15). Von solcher Berufung des Menschen her definierte Luther die «Berufs»-Arbeit; er sah ihren Zweck darin, Gott zu ehren und dem Mitmenschen zu dienen.

Vor diesem Hintergrund gerät – ein weiterer Akzent reformierter Theologie – das ganze Leben eines Christen oder einer Christin zum Gottesdienst. Die Lebenswelt wird zum «Gottesdienstraum», zum Ort, wo Menschen aus der erfahrenen Wirklichkeit Gottes leben und handeln.

Eine Urszene

Susanne Schewe

Eine Urszene: Menschen um einen Tisch versammelt, um zu essen und zu trinken. Stillung eines elementaren Bedürfnisses. Darüber hinaus entsteht Gemeinschaft beim Teilen des Essens, im Gespräch, im Zuhören, im Austausch. Der Tisch ist ein Ort der Gastfreundschaft, Zuwendung und Zugehörigkeit. Im besten Fall ein Ort momentanen Friedens.

Das Abendmahlsbild in der Kirche Trogen lädt ein zu einer Zeitreise zu Tischen durch die Jahrtausende hindurch. «Thut dieses zu meinem Gedächtniß», heisst es am unteren Bildrand der Abendmahlsdarstellung. Ein Zitat aus dem Lukasevangelium, das zurückführt zu den Anfängen christlicher Tischgemeinschaft, zur Einsetzung des Abendmahls durch Jesus: Er nahm Brot, sprach das Dankgebet, brach es, gab es ihnen und sagte: «Das ist mein Leben, das für euch gegeben wird. Das tut zur Erinnerung an mich» (Lk 22,19).

Im jüdischen Verständnis wird das, was erinnert wird, präsent, es kommt in die Gegenwart. Im Teilen von Brot und Wein unter dem Wort «Tut dies zu meinem Gedächtnis» wird Jesus Christus präsent, der Unterschied zwischen «damals» und «heute» löst sich auf.

So wird die Abendmahlsszene in der Kirche Trogen völlig problemlos ins 18. Jahrhundert «zeit-versetzt». Hintergrund und Ambiente der Darstellung lassen das Abendmahl in der damaligen Gegenwart spielen.

Erneut in der Zeit versetzt und je in der Gegenwart erlebt wird die besondere Tischgemeinschaft bei jeder Feier des Abendmahls im Chorraum der Kirche, der vis-à-vis vom Deckengemälde liegt. Einmal im Jahr wird hier an weiss gedeckten Tischen Abendmahl gefeiert – eingebettet in ein gemeinsames Nachtessen. So feierte Jesus das erste Abendmahl,

Tut dies zu
meinem Gedächtnis.
Lukas 22,19

Deckenbild zum Abendmahl in der Kirche von Trogen. Illustration zu Lk 22,19.

das aus dem Passahmahl entstand, und so feierten es die ersten christlichen Gemeinden.

Wer Platz nimmt am Tisch, gewinnt den Eindruck, über die Jahrhunderte und Jahrtausende hinweg mit am Tisch «oben im Abendmahlsbild» zu sitzen. Die Gründungsszene der Tischgemeinschaft mit Jesus Christus aktualisiert sich durch die Zeiten.

In der Abendmahlsgemeinschaft schwingen viele Facetten mit: In erster Linie ist es ein sakramentales Geschehen, sichtbares Zeichen der verborgenen heilsamen Zuwendung Gottes in Liebe. Der auferstandene Christus ist «da», schenkt seine Lebenskraft, stiftet Gemeinschaft mit Gott. Brot und Wein sind heilige, unverbrüchliche Zeichen, die versichern, letztlich von Gott genährt, erhalten, geliebt zu sein.

Die Gemeinschaft mit Gott bedeutet auch, zu einer Menschengemeinschaft zu gehören: Es gibt den eigenen Platz am Tisch Gottes, der zugleich ein Platz ist im Kreis derer, die sich mit Christus verbunden wissen.

Schliesslich schwingen all die Tischgemeinschaften mit, die Jesus Zeit seines Lebens initiierte, die vielen Urszenen menschlicher Verbundenheit. Zu Jesu Zeit war die Tischgemeinschaft Gleichgesinnten vorbehalten. Aus sozialen, religiösen und moralischen Gründen verbot es sich, mit «Unreinen», Geächteten, Prostituierten und Outlaws an einem Tisch zu sitzen. Jesus durchbrach diese Vorschriften regelmässig, lud sich bei Kleinkriminellen und Prostituierten ein, brachte Menschen an einen Tisch, die niemals an einem Tisch sitzen durften. Es begegneten sich Menschen jenseits von Grenzziehungen und Gruppenbildungen. Wer miteinander isst, wird auch irgendwann miteinander sprechen, zuhören, Konflikte lösen. Wer miteinander isst, gehört zusammen.

Der Satz «Tut dies zu meinem Gedächtnis» fordert auf zur Wiederholung, dazu, die Reise durch die Zeiten immer wieder anzutreten, die Tischgemeinschaft je und je ins Jetzt zu erinnern, um in der Gegenwart des Auferstandenen Platz zu nehmen bei Gott und in der Gemeinschaft der Christinnen und Christen.

Der Satz ist zugleich Aufforderung, gastfreundliche Tischgemeinschaften über die eigenen Grenzen hinaus zu pflegen. Solche vermögen Menschen zu verbinden in allen Fremdheiten, Vorbehalten, Konflikten. Die Nähe am Tisch erzeugt Vertrautheit, Intimität. Und im besten Fall einen Moment des Friedens.

Hinweis

In der reformierten Kirche von Herisau ist die Einsetzung des Abendmahls als Chorfensterbild gestaltet. Die Heidler Kirche weist ein Glasgemälde mit der Brotverteilung Jesu auf, in Anlehnung an die wunderbare Brotvermehrung nach Mt 14,13–21 bzw. Mt 15,29–39.

Aus der Taufe leben

Irina Bossart

Selig werden. Ein grosses Versprechen. Selig werden, das heisst erlöst, befreit, in hohem Grad glücklich werden, zum Glück bestimmt sein, Liebe erfahren, sich der Vereinigung mit Gott, dem Meer von Leben und Liebe, bewusst sein und daraus das eigene Dasein gestalten. Das sind alles Bedeutungsfacetten von Seligkeit, und sie schwingen bei der Taufe mit. Jesus selbst ist bei seiner Taufe am Jordan intensive Seligkeit widerfahren: «… und siehe, die Himmel wurden ihm geöffnet.» (Mt 3,16.) Er spürte Gottes Geistkraft und eine Stimme drang an sein Herzensohr, die ihm sagte: «Du bist mein geliebter Sohn. An dir habe ich Freude.» (Mk 1,11.)

Das Versprechen göttlicher Liebe ist auch der Klangraum der christlichen Taufe. Den Auftrag zu taufen führt die Kirche auf ein Wort des auferstandenen Christus zurück (Mt 28,19). Der Ritus der Taufe ist möglicherweise nach dem Vorbild von Jesu Taufe am Jordan geformt, ausgezeichnet durch die Elemente Wasser, Geistempfang und Zusage der Gotteskindschaft. Dem Wasser kommt dabei eine symbolische Bedeutung zu. Rituelle Handlungen mit Wasser werden in vielen Kulturen als Akte der Belebung, der Reinigung, des Wachstums und des Neuwerdens verstanden, nicht anders im Christentum. Getauft wird auf den Namen des dreieinigen Gottes beziehungsweise mit der dreigliedrigen Formel, die der Evangelist Matthäus überliefert (Mt 28,19). Mehrere Zeugnisse des Neuen Testaments bringen die Verbindung mit Christus in starken Bildern zum Ausdruck. Der Apostel Paulus schreibt, dass wir in der Taufe Christus anziehen, gleichsam wie ein Kleid (Gal 3,27). Christus soll in uns heranreifen und mehr und mehr Gestalt bekommen (Röm 6,3–8; 13,14 und Gal 2,20; 5,19).

Wer glaubt und getauft wird, der wird selig.

Markus 16,16

Das deutsche Wort «taufen» kommt von tief machen, tief werden; ursprünglich ist das Untertauchen ins Wasser gemeint. Tief werden lässt sich auch im übertragenen Sinn verstehen: Ein Mensch mit innerer Tiefe ist jemand, dem eine innere Welt gewachsen ist, der in sich einen klaren Wertemassstab entwickelt hat und der auf die Stimme seines Gewissens hört. Ein Mensch mit innerer Tiefe ist auch fähig, ganz in der Gegenwart präsent zu sein und so erfüllte Augenblicke zu erleben. In einem tiefen Menschen findet Gott Raum.

Aus biblischer Sicht bedeutet die Taufe auch die Eingliederung in eine Gemeinschaft, die sich auf Christus beruft und ihm zugehört; sie bedeutet zugleich das Hineinwachsen in eine Lebensordnung, die sich auszeichnet durch gegenseitige Anerkennung, einen sorgfältigen Umgang miteinander und mit der Schöpfung; dazu gehören die wechselseitige Unterstützung sowie der Einsatz für Hilfsbedürftige und an den Rand Gedrängte. In dieser von Christi Geist geleiteten Gemeinschaft spielen Kategorien wie Geschlecht, Herkunft und soziale Stellung keine Rolle (Gal 3,28).

Heute taufen wir in der Regel Kleinkinder. Ein Kind kann sich nicht selbst für die Taufe entscheiden. In der Kindertaufe wird jedoch deutlich, dass uns die göttliche Liebe geschenkt wird, bevor wir etwas tun. Wir versprechen dem Taufkind, es mit allem Segen und aller Liebe zu begleiten, damit auch ihm der Himmel aufgehen kann und es in Gottes Welt hineinwächst. Wir sind aufgefordert dem Kind Worte zur Verfügung zu stellen, mit denen es Gott, Gottesräume, Gotteserfahrungen entdecken und ansprechen kann – Gottesräume in der Bibel, in der Kirche, in der eigenen Seele.

In diesem Horizont erweist sich Glaube als Weg, als Hineinfinden in eine Lebensmöglichkeit und Art des Menschseins, die uns Jesus von Nazareth eröffnet hat. Es ist ein Weg, der befreit von Selbstsucht und begabt zu Güte und Mitgefühl. Lasst uns den Weg gehen im Vertrauen auf die tragende Kraft der Liebe!

Der Segen klingt

Peter Roth

Singen heisst doppelt beten! Dieser Satz von Augustinus mag auf Anhieb etwas frömmelnd daherkommen. Aber mit jedem Mal, wenn mir dieser Spruch in den Sinn kommt, erschliesst er mir neue Einsichten.

Als Musiker fällt mir zuerst ein, dass Singen die Wörter eines Textes in ein Klangkleid hüllt. Dieses macht die Worte nicht nur kostbarer, sondern verleiht ihnen eine zusätzliche Ausdrucksebene, die über den rein sprachlichen Inhalt eines einzelnen Wortes hinausgeht. Die klangliche Ausdrucksebene beginnt in meiner Erinnerung mit einem Ruf, der zwei Töne verwendete: «Peter! Heicho!» So rief mich meine Mutter mit zwei absteigenden Terzen. Dies löste in mir als Kind den Eindruck einer Aufforderung, ja einer gewissen Dringlichkeit aus.

Im abendlichen Betruf unserer Alpkulturen, in Kraftliedern der amerikanischen Indigenen, im Psalmodieren des katholischen Ritus, im Ruf des Muezzins und in den Gesängen der hinduistischen und buddhistischen Tradition wird ein oft kurzer und ständig wiederholter Text zum Mantra, zum Gesang, der die semantische, rein inhaltliche Dimension des Textes transzendiert.

Im tiefsten Wesen verbindet uns Klang mit dem Jenseitigen, mit dem was weit ausserhalb unserer Erfahrungswelt liegt. Von Pythagoras über Kepler bis zur Quantenphysik wird dem Klang die Dimension des Unendlichen zugeschrieben. Und in Zen-Meditationen ertönt immer wieder das Koan: Wohin geht der Klang, wenn er verklingt?

Andererseits mache ich als Komponist die Erfahrung, dass die Musik zu einem von mir zuvor gewählten Text aus dieser transzendenten Quelle fliesst. Eine konkrete Situation möge diese Erfahrung illustrieren: Auf der Rückfahrt von einer

Das Lied verhallt, der Segen bleibt.

Reformiertes Kirchengesangbuch Nr. 351, siehe auch 1. Buch Mose 49,28b, 5. Buch Mose 33,1 oder Lukas 24,51

Kirchenchorreise nach Salzburg sass ich ganz hinten im Car. Der ganze Chor schlief – und auf einmal hörte ich die Sängerinnen und Sänger, mitsamt der Jodelstimme von Annelies Huser, das «Unser Vater» singen. Dieses «Geschenk vom Himmel» wurde dann Teil der bereits in Latein geschriebenen St. Johanner Jodlermesse.

Im Singen eines Textes verbinden wir uns aber nicht nur mit der transzendenten Dimension von Klang und Musik. Wir verbinden uns auch mit uns selbst. So bringen wir uns im Singen selbst zum Schwingen und werden dadurch zum Instrument, zu einem Instrument, das sich selbst «spielt». Machen wir uns diese Tatsache bewusst, heisst das letztlich, dass wir beim Singen nicht mehr vom Instrument getrennt, nicht mehr Subjekt und Objekt, sondern eins sind. So schenkt uns hingebungsvolles Singen eine tiefe und kostbare Erfahrung jenseits von Raum und Zeit.

Eine meiner Kompositionen trägt den Titel «Din Atem treit min Gsang». Und ja, tatsächlich, es ist nicht «meine» Luft, welche die gesungenen Worte in Schwingung versetzt. Es ist vielmehr die Luft, die wir weder kaufen noch verkaufen, weder besitzen noch horten können. Es ist der Atem, den wir mit Pflanzen und Tieren, Menschen, allen Wesen und Geschöpfen teilen. So sind wir im Singen nicht nur ganz bei uns selbst, sondern über den klingenden Atem mit allem, was lebt, verbunden.

Ist es denn bei all diesen wunderbaren Zusammenhängen noch erstaunlich, dass Singen gesund ist, dass Singen uns heilt und ganz macht? In den alten, noch bewusst als Klangräume gebauten Kirchen wird das gemeinsame Singen eines religiösspirituellen Textes zu einer Erfahrung, die uns in unsere Mitte führt und uns gleichzeitig mit der ganzen Schöpfung verbindet, zu einem Gebet, das uns wandelt und neu macht – zum Segen der bleibt, wenn das Lied verklingt.

Beziehungsreich

Albrecht Grözinger

«Der Herr segne deinen Ausgang und Eingang.» Diese Worte stehen am Ende eines Psalms, von dem die Bibel ausdrücklich erwähnt, dass es sich um einen Wallfahrtspsalm handelt. Man nimmt an, dass dieser Psalm von Pilgernden auf dem Weg nach Jerusalem gesungen wurde. Das Pilgern ist in unserer hochkomplexen modernen Gesellschaft wieder populär geworden, kann es doch zum Sinnbild werden für unser Leben, gerade in einer komplizierten und herausfordernden Gegenwart: für ein Leben im ständigen Unterwegs.

Deshalb sind die Übergänge immer präsent im Christentum – von der Bibel bis hin zu den Kirchengebäuden. Die Menschen, die damals den Bibelvers in den inneren Türrahmen der Kirche in Urnäsch schrieben, wussten, so denke ich, genau, warum sie das taten. Der Eingang zu einer Kirche markiert auf besondere Weise einen Übergang. Wenn wir am Sonntag die Kirche zum Gottesdienst betreten, dann tun wir dies in der Regel in einer ganz bestimmten Erwartung. Zwar bringen wir unser Alltagsleben mit, es soll eben nicht draussen bleiben. Aber wir kommen in der Erwartung, dass mit unserem Alltagsleben im Gottesdienst etwas geschieht. Es gibt die schöne Formulierung: «Wir bringen unser Leben vor Gott.» Was meinen wir damit? Wir haben die Hoffnung, dass unser Alltag in einem anderen Licht erscheinen, dass er über sich hinausweisen möge, dass er nicht das letzte Wort hat. Das ist alles andere als eine Abwertung unseres Alltags – im Gegenteil: Es gibt ihm erst seine Würde. Wie oft denken und erfahren wir in unserem Alltag, gerade in seinen glücklichsten Momenten, dass da eine Sehnsucht nach einem «Mehr» in uns ist. Und die Hoffnung auf dieses Mehr bringen wir mit, wenn wir die Schwelle einer Kirche zum Gottesdienst betreten.

Der Herr segne deinen
Ausgang und Eingang.
Psalm 121,8

Aber die Schwelle ist zugleich das Symbol für die Gefahren unseres Alltagslebens: «Schmerz versteinerte die Schwelle», heisst es in einem Gedicht des expressionistischen Dichters Georg Trakl. Mit diesen Worten ist eine wichtige menschliche Erfahrung benannt. Wie oft gelingt es uns nicht – unser Alltagsleben? Und diese Erfahrung führt uns dann an die schmerzlichen Schwellen heran: das Scheitern einer menschlichen Beziehung, der Misserfolg im Beruf, das Gefühl gegenüber einem Menschen, der einem viel bedeutet, versagt zu haben. Und der Dichter spricht es treffend aus: In solchen Momenten haben wir nicht selten das Gefühl, wie versteinert zu sein. Versteinert sein – dies heisst auch beziehungslos sein. Wer ruft uns aus dieser trostlosen Beziehungslosigkeit?

Und da kommt wieder der Satz «Der Herr segne deinen Ausgang und Eingang» ins Spiel. Es ist alles andere als ein Zufall, dass hier Gott das Subjekt ist. Denn das Versteinertsein ist deshalb so tückisch, weil wir nicht selten das starke Gefühl haben, da könne uns keine menschliche Hand mehr herausreissen. Gewiss, es gibt viele Situationen, in denen Menschen uns helfen können und in denen wir anderen Menschen helfen können – und das ist gut so. Aber es ist tröstlich zu wissen, dass es die Hand Gottes gibt.

Versteinertsein bedeutet Beziehungslossein. Gegen diese Beziehungslosigkeit steht dieses Segenswort Gottes. Und es ist wiederum alles andere als ein Zufall, dass Menschen in der Begegnung mit Gott, diesen als beziehungsreich erfahren. Wir sind ihm nicht gleichgültig, sondern er will von uns hören und wissen. Er will in eine liebevolle Beziehung zu uns treten. Davon erzählt im Grunde die Bibel von der ersten bis zur letzten Seite. Im Grunde sind alle diese vielfältigen Erfahrungen eines Gottes, der Beziehung ist und uns an seinem Beziehungsreichtum teilnehmen lässt, in dem einen Satz zusammen gefasst: «Der Herr segne deinen Ausgang und Eingang.»

Literaturnachweis

Georg Trakl, Ein Winterabend, 1913.

Bleibende Gegenwart

Johannes Lähnemann

Das grösste Versprechen, das Jesus uns gegeben hat, steht ganz am Ende des Matthäusevangeliums, dieses gewaltigen Werkes, mit dem unser Neues Testament eröffnet wird. Mit diesem Versprechen schickt der Evangelist sein Werk in die Welt: «Seid gewiss: Ich bin bei euch alle Tage bis an der Welt Ende.» (Mt 28,20.)

Nicht allein sein, Jesus an der Seite haben, nicht heute und morgen, sondern immer. Was für eine Zusage! Was das bedeuten kann, ist mir am deutlichsten geworden in den Gebeten, die Dietrich Bonhoeffer in seiner Nazihaft für seine Mitgefangenen niedergeschrieben hat. Darin heisst es: «In mir ist es finster, aber bei Dir ist das Licht; ich bin einsam, aber Du verlässt mich nicht; ich bin kleinmütig, aber bei Dir ist die Hilfe, ich bin unruhig, aber bei Dir ist der Friede … Du kennst alle Not der Menschen, Du bleibst bei mir, wenn kein Mensch mir beisteht, Du vergisst mich nicht und suchst mich …» Über die Jesuskraft, die unendlich vielen Menschen in Not und Angst geholfen hat, könnte man viele Predigten halten – nicht nur über Beispielgestalten wie Friedrich von Bodelschwingh, Albert Schweitzer, Martin Luther King, sondern ebenso über Menschen wie du und ich, mit dem Schönen, was wir erleben, aber auch mit dem Schweren, das wir zu tragen haben.

«Ich bin bei euch alle Tage …» – Das gilt noch in einer anderen, uns immer wieder herausfordernden Weise: In seinem Gleichnis vom Endgericht sagt Jesus zu denen, die als Gerechte an seiner Seite stehen: «… ich war hungrig, und ihr habt mir zu essen gegeben. Ich war durstig, und ihr habt mir zu trinken gegeben. Ich war ein Fremder, und ihr habt mich als Gast aufgenommen. Ich war nackt, und ihr habt mir Kleider gegeben. Ich war krank, und ihr habt euch um mich gekümmert. Ich war im Gefängnis, und ihr habt mich besucht.» Und als die Gerech-

Christus spricht:
Siehe, ich bin bei euch alle Tage
bis an der Welt Ende.
Matthäus 28,20

ten fragen: «Herr, wann haben wir dich hungrig gesehen, und haben dir zu essen gegeben? Wann warst du durstig, und wir haben dir zu trinken gegeben? Wann warst du ein Fremder, und wir haben dich als Gast aufgenommen? …», erhalten sie die Antwort: «Was ihr für einen meiner Brüder oder eine meiner Schwestern getan habt – und wenn sie noch so unbedeutend sind –, das habt ihr für mich getan» (Mt 25,35–40).

Jesus ist also bei uns – in seinen armen und leidenden Brüdern und Schwestern – Tag für Tag bis zum Ende der Welt! Sehen wir so die Menschen, denen wir begegnen und von deren Not wir wissen, Tag für Tag? Jesus an der Seite haben – das stärkt und tröstet uns, und fordert uns immer wieder heraus.

Mein Freund Giuseppe Frizzi – wir nennen ihn Peppino – ist katholischer Pater. Er hat mit mir studiert und wie ich seine Doktorarbeit in Münster geschrieben. Er lebt seit fast fünfzig Jahren mit indigenen Menschen in Mozambique zusammen, ist ihr Seelsorger und ihr Helfer. In der Zeit des kommunistischen Regimes dort stand er lange unter Hausarrest. Da hat er die ganze Bibel in die Sprache seiner Gemeinden – in Xirima – übersetzt. Immer wieder sind Briefe zwischen uns hin und her gegangen, inzwischen per E-Mail. Er war ein Tröster, als unser kleiner Sohn Friedrich Georg am Frühkindtod starb – und ebenso, als meine erste Frau Susanne ihrem Krebsleiden erlag. Aber auch an den schönen und froh machenden Seiten unseres Lebens nimmt er teil: an meiner Frau Sabine, den Töchtern und ihren Familien, den Wegen, die wir in so herausfordernden Zeiten wie gegenwärtig gehen müssen. An seinem Beispiel habe ich erfahren, was das Versprechen Jesu bedeutet: «Ich bin bei euch alle Tage bis an der Welt Ende.»

Literaturnachweis

Dietrich Bonhoeffer, Widerstand und Ergebung, München 1964, S. 73–74.

Heimat finden, Heimat schaffen: Die Reformierten in Appenzell Innerrhoden

Sandro Frefel

«Ein' feste Burg ist unser Gott», steht in grossen Lettern über dem Portal der 1909 eingeweihten reformierten Kirche Appenzell. Es ist die erste Zeile des gleichnamigen Liedes von Martin Luther, angelehnt an Psalm 46. So bekannt das Lied ist, so vieldeutig ist sein Inhalt. Gut und Böse, Gott und Teufel, Himmel und Welt stehen sich gegenüber. Handelt es sich um ein Bekenntnis zum eigenen Glauben oder doch eher um ein Kampflied, gerichtet gegen den «alten bösen Feind»? Wollen die Innerrhoder Reformierten die katholische Mehrheit provozieren und die Reformationswirren aufleben lassen? Mitnichten. Und doch lässt sich die Geschichte der heutigen reformierten Gemeinde und Kirche Appenzell ohne Blick auf die Zeit vor 500 Jahren kaum beschreiben.

In den 1520er-Jahren kam reformatorisches Gedankengut auch nach Appenzell und fand Widerspruch wie Zuspruch. Die liberale Umsetzung des Kirchhöreprinzips von 1525 führte zu einem gemischtkonfessionellen Zusammenleben im Dorf. Die Pfarrei Appenzell blieb zwar katholisch, aber die reformierte Minderheit durfte den Gottesdienst in Gais besuchen. Erst ab den 1580er-Jahren führte äusserer Druck zu Spannungen in diesem konfessionellen Unikum. Im Glaubensvertrag der äusseren und inneren Rhoden von 1588 wurde das Kirchhöreprinzip eng ausgelegt. Die konfessionelle Minderheit musste nun konvertieren oder wegziehen. Nach der konfessionellen Spaltung kam es 1597 zur politischen: Als Folge der Landteilung war es nicht mehr möglich, als Reformierte in Innerrhoden zu leben – und umgekehrt.

Ein' feste Burg ist unser Gott.
Reformiertes Gesangbuch Nr. 32, in Anlehnung an Psalm 46

Erst im 19. Jahrhundert konnten Reformierte nach Innerrhoden zurückkehren und hier Schritt für Schritt heimisch werden; die Bundesverfassung von 1848 mit der darin garantierten Kultusfreiheit bildete die Grundlage. Bis 1850 fanden immerhin 42 Reformierte in Innerrhoden eine neue Heimat. 1870 waren es bereits 188, die sich 1875 zum Protestantenverein Appenzell zusammenschlossen (ab 1891 evangelisch-reformierte Gemeinde). Für Gottesdienste diente von 1875 bis 1881 der grosse Ratssaal im Rathaus, ab 1881 ein Betsaal im vereinseigenen Haus an der Hauptgasse neben dem Hotel Hecht.

Die engen Platzverhältnisse im Betsaal, dessen ungünstige Lage im Dachgeschoss und überhaupt die fehlende visuelle Präsenz im Dorf liessen die Idee einer eigenen Kirche nie verkümmern. Schliesslich konnte 1906 im oberen Ziel, nördlich des Friedhofs, am Ufer der Sitter, die heutige Parzelle erworben werden. Im September 1909 erfolgte die feierliche Einweihung der neuen Kirche.

Die reformierte Gemeinde wollte zwar «ein in die Augen fallendes Wahrzeichen» in der Diaspora errichten, aber es sollte «etwas Schlichtes, Würdiges und Schmuckes» sein, wie die Verantwortlichen betonten. Die Architekten wählten dazu den Heimatstil und verzichteten bewusst auf einen eigentlichen Kirchturm als Konkurrenz zum massigen Turm der Pfarrkirche St. Mauritius. Sie schufen stattdessen einen stattlichen Dachreiter mit Glocken. Lediglich von vorn wirkt die Kirche mit dem Anbau links und dem integrierten Pfarrhaus rechts imponierender, als sie in Tat und Wahrheit ist.

Die Reformierten strebten mit dem Kirchenbau nicht nach einer Wiederholung des konfessionellen Haders. Die «feste Burg» sollte keine Provokation sein, sondern «vielmehr ein geistlicher Mittelpunkt, ja eine geistliche Heimat derer werden, für die sie gebaut worden ist», wie es anlässlich der Einweihung 1909 in der Festschrift hiess.

Die festen Mauern einer Burg können in einem unruhigen Umfeld Schutz bieten. Aber Mauern sind nur so stark wie die Gemeinschaft dahinter. Aus einer Burg wird rasch eine Ruine, wenn die Menschen darin nicht eigenverantwortlich miteinander leben und gemeinschaftlich handeln. Die Basis der reformierten Gemeinschaft in Appenzell ist das Wort Gottes, das in der Kirche verkündet und gefeiert wird. «Ein' feste Burg ist unser Gott» löst sich so vom eigentlichen Kirchenbau und nimmt den Kern des Reformiertseins in den Blick.

Literaturnachweis

Die evangelisch-reformierte Kirche in Appenzell, eingeweiht den 12. September 1909. Blätter der Erinnerung, Appenzell 1910.

Aus Glauben leben – verantwortlich handeln

Glaube hat nach evangelischem Verständnis Auswirkungen auf den Alltag, auf die Lebensgestaltung. Für den Apostel Paulus ist es ein Glaube, der sich in Liebe auswirkt, mit Luther übersetzt: der durch die Liebe tätig ist (Gal 5,6). Das paulinische Diktum basiert auf der Voraussetzung, dass unser Glaube an Jesus Christus orientiert und in ihm verankert ist. Paulus ging sogar so weit zu sagen: «... Nicht mehr lebe ich, sondern Christus lebt in mir» (Gal 2,20). Der mit Christus verbundene Mensch fühlt sich an den Strom der göttlichen Liebe angeschlossen, und sie bewegt ihn, Gutes zu tun und dem Nächsten wohlwollend zu begegnen. Als ethische Richtlinie für das eigene Tun dienen Gottes Gebote, biblisch gesprochen Gottes Gesetz. Es lässt Gottes Willen erkennen und hat den Zweck, sowohl das Leben und die Freiheit des Einzelnen zu schützen als auch eine friedliche Koexistenz zu ermöglichen (2. Mose, 20; 3. Mose 18, 4–5).

Ulrich Zwingli und Johannes Calvin sahen keinen Gegensatz zwischen Gesetz und Evangelium. Zwingli schreibt in «Auslegung und Begründung der Thesen» von 1523: Es ist «im Evangelium alles, was Gott den Menschen offenbart und was er von ihnen verlangt. Denn wann immer Gott den Menschen seinen Willen zeigt, freut es diejenigen, die Gott lieben; es ist für sie nämlich eine zuverlässige, gute Botschaft.» (ZS II, S. 91.)

Nach Zwingli und Calvin sollte Gottes Gesetz auch im öffentlich-politischen Leben Gehör finden und bei der Ausgestaltung des Staates wegweisend sein. Heute sind Kirche und Staat aus gutem Grund getrennt. Dennoch hat Glaube Auswirkungen auf das Gemeinwesen. Christinnen und Christen sind ja auch Stimmbürger, Behördenmitglieder, Politikerinnen und ehrenamtlich Tätige. Sie tragen die Verantwortung, Gesetze so mitzugestalten, dass sie der Gerechtigkeit, dem Frieden, der Bewahrung der Schöpfung und dem Wohlergehen aller dienen. Und sie sind aufgefordert, dort ihre Stimme zu erheben, wo Unrecht geschieht. Manches beherzte und dezidiert christliche Engagement führte zu Grosstaten der Humanität und zu Institutionen von grösster gesellschaftlicher Bedeutung.

Leitlinien für ein evangelisches Leben

Konrad Schmid

Die Zehn Gebote sind im Judentum und Christentum zentral, frühere Generationen mussten sie auswendig lernen und aufsagen können. Selbstverständlich wurde vorausgesetzt, dass man sein eigenes Leben nach ihnen gestalten sollte. In der reformierten Kirche Herisau zeigt das linke Chorfenster den Empfang der guten Weisung durch Mose. In Hundwil gibt es an der Decke eine Darstellung der Gebotstafeln, leider verdeckt durch die Orgel. Offenkundig sollen die Kirchgängerinnen und Kirchgänger auf die Zehn Gebote und ihre Bedeutung aufmerksam gemacht werden.

Doch man kann sich fragen: Was haben die Zehn Gebote an so prominenten Orten in reformierten Kirchen zu suchen, beruft sich die Reformierte Kirche doch auf das Evangelium, nicht auf das Gesetz? Nun, so einfach ist es nicht: Die reformatorische Entdeckung beruhte darauf, dass Menschen nicht durch eigene Werke vor Gott gerecht werden können, sondern dass sie von Gott bedingungslos angenommen sind – ohne ihre eigenen Leistungen der Befolgung göttlicher Gebote. Doch die Gesetzesthematik war damit für die Reformatoren nicht abgetan. Das Gesetz war für sie keine Heilsbedingung, aber für diejenigen, die an das Evangelium der Liebe Gottes zu den Menschen glaubten, konnten die Gebote hilfreiche Leitlinien sein, um ein evangelisches Leben zu führen. Es verhält sich ja nicht so, dass der Glaube die Menschen in einen völlig neuen Zustand überführt, der dann zeitlos anhalten würde. Nein, Glaube muss vielmehr je und je neu entstehen, neu entdeckt und gelebt werden. Und dazu können Texte wie die Zehn Gebote eine wichtige Stütze sein. Sie weisen die Menschen in ein Leben ein, das durch eine intakte Gottes- und eine intakte Sozialbeziehung zu anderen Menschen gekennzeichnet ist.

Und der HERR sprach zu Mose: Steig herauf zu mir auf den Berg und bleibe hier! Ich will dir die Steintafeln geben, die Weisung und das Gebot (…), damit du das Volk lehren kannst.»

2. Mose 24,12

Ausschnitt aus dem linken Chorfenster
in der reformierten Kirche Herisau:
Mose empfängt Gottes Weisung.

Was aber sind die Zehn Gebote eigentlich? Zunächst ist nicht ganz klar, wie man sie zu zählen hat. Die Religionen und Konfessionen kennen voneinander abweichende Zählweisen, die sich vor allem auf unterschiedliche Abgrenzungen zu Beginn und am Ende der Zehn Gebote stützen. Im Judentum etwa gilt «Ich bin JHWH, dein Gott, der dich herausgeführt hat aus dem Land Ägypten, aus einem Sklavenhaus» als erstes Gebot, obwohl hier gar nichts angeordnet wird. Die Selbstvorstellung Gottes, der Israel aus Ägypten geführt hat, wird aber als Verpflichtung verstanden: Wenn Gott sich so Israel zugewandt hat, dann ist auch Israel Gott gegenüber verpflichtet.

Sehen wir uns zwei der Zehn Gebote etwas näher an: Das Verbot, sich kein Bildnis Gottes zu machen (Ex 20,2–6), verbietet nicht Bilder allgemein, sondern nur Götterbilder, nicht aber etwa Sprachbilder, von denen die Bibel selbst ja voll ist. Sein Sinn besteht darin, sich Gott nicht verfügbar zu machen, ihn nicht auf die Erde hinab zu zerren. Gott ist der Schöpfer, und der Mensch ist sein Geschöpf. Zwingli formulierte es so: «Was Gott an und für sich ist, wissen wir ebenso wenig wie ein Käfer weiss, was ein Mensch ist.»

Das Ruhegebot für den siebten Tag der Woche (Ex 20,9–12) steht im Zentrum der Zehn Gebote. Der Sabbat ist ein wichtiges Kennzeichen des Judentums und wurde auch im Urchristentum begangen, die äthiopische Kirche pflegt ihn heute noch. Da die Auferstehung Jesu Christ auf einen Sonntag fiel, wurde mehr und mehr der Sonntag in der christlichen Kirche als Ruhe- und Feiertag begangen, teils statt, teils neben dem Samstag. Kaiser Konstantin der Grosse schliesslich erhob im Jahr 321 nach Christus den Sonntag zum offiziellen Ruhetag. In der reformierten Tradition gibt es eigentlich keine heiligen Zeiten an sich. Für Zwingli war es durchaus in Ordnung, am Sonntag «auf den Acker» zu fahren, allerdings erst nach dem Gottesdienst. Doch auch hier gilt: Es ist kein Zwang, am Sonntag zu ruhen, aber es ist eine Wohltat, die dem gelingenden Leben dient. Hier zeigt sich der spezifisch evangelische Zugang zum Gesetz besonders deutlich: Die Gebote sind für den Menschen da, und nicht der Mensch für die Gebote.

Die Zehn Gebote dienen im reformierten Christentum als Richtlinie für ein gelungenes Leben. Sie sind keine Rechtssammlung, sondern umschreiben ein ethisches Ideal. Sie sehen keine Strafen vor, sondern formulieren evidente Grundlagen des Zusammenlebens von Menschen untereinander sowie der Beziehung der Menschen zu Gott und umgekehrt.

Christus Gestalt geben, Tempel Gottes werden

Irina Bossart

Vier klug gewählte Bibelverse schmücken die Emporenbrüstung der Steiner Kirche. Zusammen bilden sie ein inspirierendes und prägnantes Programm. Wer sie ausgesucht hat und nach welchen Kriterien, habe ich bis jetzt nicht herausgefunden. Sie kamen 1903 im Zug der Innenrenovation an ihren Ort, gemalt von Rudolf Grundlehner, der auch die Kirchen von Hundwil und vormals von Bühler ausgestaltet hat.

Beginnen wir in der Leserichtung links aussen. In etwas altertümlichem Deutsch steht da: «Sehet, welche Liebe hat uns der Vater erzeiget» (1. Joh 3,1). Das Schriftband gibt nur den Anfang des Satzes wieder. In einer modernen Übersetzung und vervollständigt lautet der Vers: «Seht, wie gross die Liebe ist, die der Vater uns geschenkt hat: Wir heissen Kinder Gottes und wir sind es auch!» Da wird eine grosse Zusage gemacht: Gottes Liebe ist bedingungslos und gilt uns. Wir Menschen sind von Geburt an auf Entgegenkommen angewiesen. Die Erfahrung des Geliebtseins ist fundamental; ohne Zuwendung und Liebe kann sich menschliches Leben kaum entfalten. Aus solch existenzieller Anerkennung und Bejahung schöpfen wir Lebenslust und Lebensmut. Die Bezeichnung «Gotteskinder» verleiht uns Identität. Sie macht deutlich: So wie Jesus, der «Menschensohn», auch «Gottes Sohn» ist, dürfen auch wir uns in der Beziehung zu Gott als «Töchter» und «Söhne» verstehen. Gott ist unser gemeinsamer Ursprung. Daran erinnert nicht zuletzt die Anrede im «Unser Vater»-Gebet. Das Dasein als «Sohn» und «Tochter» Gottes macht uns untereinander zu gleich-gestellten Geschwistern und gleich-würdigen Mitgliedern der christlichen Gemeinschaft.

Betrachten wir den mittleren Vers: «Dein Wort ist unseres Fusses Leuchte» (Ps 119,105; im biblischen Wortlaut steht «mei-

**Als lebendige Steine bauet
euch zum geistlichen Haus
durch Jesus Christus.**

1.Petrus 2,5

nes Fusses»). Der Satz ist Teil vom längsten der insgesamt 150 Psalmen. Wer alle 176 Verse von Psalm 119 liest, vernimmt ein grosses Loblied auf die gute Weisung Gottes, auf die Torah. Gottes Worte sind für den Psalmbeter oder die Psalmbeterin wie ein Licht auf dem Weg. Sie ermöglichen ihm oder ihr sich in der Welt zu orientieren und einen Lebenspfad zu finden, der Wohlergehen verheisst. Ohne Licht tappen wir im Dunkeln; ohne innere Ausrichtung drehen wir uns im Kreis, verirren uns, stossen zusammen oder gehen verloren. Gottes lichtvolles Wort klärt auf, erhellt den Geist und lässt die Welt in anderem Licht erscheinen. Dazu passt die aufgehende Sonne, die Rudolf Grundlehner gemalt hat.

Der Vers auf der rechten Seite lautet: «Ich bin der Weinstock, ihr seid die Reben» (Joh 15,5). Dieses Bildwort bringt zum Ausdruck, dass Wachstum und Gedeihen ohne Nährstoffquelle und Wurzelgrund nicht möglich sind. Der Begriff «Religion» leitet sich vom lateinischen Wort «religio» ab und kann mit Rückbindung oder Anbindung übersetzt werden. Für Christinnen und Christen ist der Ort der Anbindung Jesus Christus. Wir können in unserem Glauben nur wachsen und reifen, wenn wir mit Christus verbunden bleiben.

Der vierte und letzte Bibelvers, auf einem grünen Medaillon dargestellt, stammt aus dem ersten Petrusbrief. Er ist in verkürzter Form wiedergegeben und lautet: «Als lebendige Steine bauet euch zum geistlichen Haus durch Jesus Christus» (1. Petr 2,5). Der Vers macht deutlich, dass Kirche in erster Linie eine lebendige Gemeinschaft ist, zusammengehalten durch Jesus Christus, der im ersten Petrusbrief selbst als lebendiger Stein und überdies als Eckstein bezeichnet wird. Der Auftrag, miteinander eine Gemeinde aufzubauen, in der Gottes Geist gegenwärtig ist – das ist mit «geistlichem Haus» gemeint –, lässt sich eigentlich nur realisieren auf der Grundlage der drei anderen Bibelverse: Erst die Identität und gegenseitige Anerkennung als geliebte und gleichgestellte Gotteskinder, die Ausrichtung an Gottes guter Weisung und die Verbindung mit Christus lassen eine «christliche» Kirche entstehen. Eine solche Kirche ist ein Lebensraum, eine Lebensrealität, wo das erfahrbar wird, was Jesus unter die Leute gebracht hat, was sich in seinen Worten und Taten manifestiert hat: Reich Gottes, Gotteswirklichkeit, heilsame Gottesnähe.

Zentral und zeitlos – an alle gerichtet

Heidi Eisenhut

Es ist ein mächtiges Geläut, ein selbstbewusstes: A – E – Cis – A, in abfallender Tonfolge. Ich mag das Zusammenspiel der vier Glocken. Seit Anfang Oktober 1902 erklingen sie von dem damals um sechs Meter erhöhten Kirchturm der Gemeinde Wald: «Lasst die Kindlein zu mir kommen!», steht als Inschrift auf der kleinsten, die das Geläut eröffnet. Wenig später setzt die zweite ein: «Herr, lehre uns!» Dann die dritte: «Bete und arbeite!» Und zuletzt in der Oktave: «Höret des Herrn Wort.» Das sind Aufrufe! Appelle an die Menschen, von Kindesbeinen an Gottes Wort zu befolgen und nach seinem Gesetz das Tagewerk zu verrichten. Die Menschen ihrerseits erbitten sich Teilhabe an Gottes Weisheit. Die grösste Glocke wurde 1950 ersetzt, nachdem sie gesprungen war.

Mich begleitet das Wäldler Läuten seit bald einem halben Jahrhundert. Und ich muss gestehen, ich habe mir noch nie Gedanken gemacht über die Worte, die bei jedem Ton mitschwingen. Ich wusste nicht, dass die Glocken Inschriften tragen. Der Klang ist ein Stück von mir. Dass noch mehr mit ihm verbunden ist, an diesen Gedanken muss ich mich zuerst gewöhnen.

«Ich bleibe bei der Cis-Glocke hängen. «Bete und arbeite!» Pfarrer Hans Meili sagte 1902 anlässlich der Glockenweihe dazu: «Nach dem Buchstaben kein eigentliches Bibelwort, aber nach dem Geiste.» Das braucht eine Erklärung. Wald ist eine typische Ausserrhoder Gemeinde. 1686 eigenständig geworden, prägten Landwirtschaft und Textilgewerbe ihre Entwicklung. Auch Textilhandel wurde betrieben. Gleich mehrere Handelshäuser waren im 18. Jahrhundert vom damaligen 1400-Seelen-Dorf aus international tätig. Ab der zweiten Hälfte des 19. Jahrhunderts ergänzte die Handmaschinenstickerei die Heim-

Bete und arbeite!

Leitsatz des benediktinischen Mönchtums und
Ausdruck des protestantischen Arbeitsethos

weberei. Die Konfession beeinflusste die wirtschaftliche Entwicklung massgebend. «Bete und arbeite!» war kein leeres Wort. Berufsarbeit sei auch Gottesdienst, hatte Johannes Calvin dereinst gesagt. Der Reformator verband beruflichen Erfolg mit Erwählung. Jeder Mensch sollte gemäss seiner Bestimmung arbeiten und dadurch den göttlichen Plan erfüllen helfen. Innerhalb dieser Grenzen galt als erfolgreich, wer persönliche Verantwortung wahrnahm, sich in Selbstdisziplin und Sparsamkeit übte, das für ihn Vorgesehene bestmöglich umsetzte und den Nachfahren den Weg bereitete. Ein Geist, der die Prosperität beförderte, aber unerbittlich war. Er setzte jede Abweichung vom Erwarteten mit mangelnder Pflichterfüllung und fehlendem Glauben gleich. Die Latte war hoch, und an der Bürde, den Ansprüchen gerecht zu werden, konnten Menschen zerbrechen. Am Beispiel der Textilhandelsfamilie Zellweger von Trogen ist beides dokumentiert: der Erfolg, geradlinig zurückgeführt auf die asketischen Grundsätze der Vorfahren, aus denen das eigene rationale Geschäftsgebaren mit strengem Arbeitsethos und Gottvertrauen hervorging, und das Scheitern an eben diesen hohen Ansprüchen im Geschäft und im Leben.

Bei meinem Nachdenken über den Glockenruf «Bete und arbeite!» gerate ich ins Stocken, sobald ich eine Brücke zu meiner Lebenswelt schlagen will. Was nehme ich neben dem Cis im Ohr für mich ganz persönlich mit? Der Geist, Gebet und Arbeit, Demut und Fleiss, zur Richtschnur der eigenen Lebensweise zu erheben, verlieh bei Glück und Erfolg den Nimbus einer besonderen Gottesnähe. Anders nuanciert und für mein Empfinden stimmig liesse sich darunter eine für die Welt, für die Natur und die Mitmenschen «gute» Lebensführung verstehen. Der Appell an die Verantwortung für das eigene Tun ist dabei zentral und zeitlos – an alle gerichtet. Damit unterscheidet er sich vom benediktinischen «Ora et labora» als Regelwerk für eine Klostergemeinschaft.

Wenn ich fortan das Wäldler Läuten höre, werden mich diese Gedanken und der nachfolgende Satz aus dem «Appenzeller Anzeiger» zur Glockenweihe von 1902 zu weiterem Nachsinnen anregen: «Den Grundton [...] bildete das Verlangen nach Frieden und Eintracht in der Gemeinde, getragen von der Pflichttreue des Einzelnen und von der gegenseitigen Achtung.»

Literaturnachweis

Zur Glockenweihe: Appenzeller Anzeiger, 11.10.1902.

Klaus Bartels, Am Anfang war der Logos, in: Nikolaus-Predigten im Fraumünster. Antike und biblische Texte im Dialog, von Klaus Bartels und Niklaus Peter, mit Zeichnungen von Sebastian Büsching, TVZ 2017, S. 63–69.

Festgemacht befreit

Ruth Näf Bernhard

festgemacht
an dir
möchte ich
erklingen
glauben
hoffen
lieben
leben

festgemacht
fröhlich
hell und klar
festgemacht
geduldig
rund und schön
fröhlich
in hoffnung
geduldig
in trübsal
festgemacht
an dir
schwingt es
in mir

ohne dich
beginnt es
zu stolpern
fröhlich
in hoffnung
geht
ohne dich
nicht

ohne dich
beginnt es
zu fallen
geduldig
in trübsal
geht
ohne dich
nicht

festgemacht
an dir
möchte ich
erklingen
hell und klar
und
rund und schön
festgemacht
an dir
singt es
aus mir

**Seid fröhlich in Hoffnung,
geduldig in Trübsal,
haltet an im Gebet!**

Römer 12,12

das lied
erklingt
über täler
und hügel
ich bin
so fröhlich
zur hoffnung
befreit
trübsaltränen
trocknet
der wind

ich bin
dein kind
ich bin
dein kind
mein trost
im himmel
ich bin
dein kind

niemand
kann mich
zum verstummen
bringen
das lied
wird immer
weiterklingen
über täler
und hügel
über jahre
und zeiten
fröhlich
befreit

ich bin
dein kind
ich bin
dein kind
meine hoffnung
auf erden
ich bin
dein kind

festgemacht
an dir
werde ich
erklingen
und noch
im nachhall
gehalten sein

ich kind
auch noch
darüber hinaus
dein kind
dein kind
dein kind

Solidarisch sein

Christoph Sigrist

«Tragt einer des andern Last, so werdet ihr das Gesetz Christi erfüllen.» (Gal, 6,2.) Dieser zentrale Vers, den Paulus damals den Gemeinden in Galatien schrieb, ist auf eine der Glocken der Kirche in Walzenhausen gegossen. Seit Jahrhunderten läuten die Glocken das, was die Gottesdienstgemeinde im Kirchenraum betet, hinaus in Dorf und Land als Solidarität mit denen, die an ihrer Last zerbrechen.

Der «Sonneblick» Walzenhausen steht als Resonanzraum dieses Glockengeläuts seit Jahrzehnten dafür ein, dass das Beten im Kirchenraum und das Einstehen für diejenigen, für die gebetet wird, im Alltag, mit zwei Stimmgabeln zu vergleichen sind. Sie müssen dieselbe Stimmung haben. Wird die eine Gabel in Schwingung versetzt, setzt sie die andere Gabel in Resonanz. Es entstehen vibrierende Drähte der Diakonie, Diakonie verstanden als die Haltung, einander die Last zu tragen. Dieses gegenseitige Tragen der Lasten geschieht in Gottes Namen und wird aus der jüdisch-christlichen Tradition als Gesetz Christi interpretiert und gedeutet.

Das Gesetz Christi ist nicht nur aktuell beim Schreiben dieser Zeilen im November 2023 mit der Geschichte des jüdischen Volkes verwoben. Seit Jahrzehnten hat die Bevölkerung von Walzenhausen ein besonderes Gespür dafür. Der «Sonneblick» ist das Epizentrum dieser christlich konstitutiven Solidarität mit der Geschichte der Jüdinnen und Juden. Dafür stehen die Namen des Flüchtlingspfarrers Paul Vogt und der Flüchtlingsmutter Gertrud Kurz. Dafür steht auch der Polizeihauptmann Paul Grüninger. Auch wenn er für sein Engagement für die jüdischen Flüchtlinge aus Nazideutschland Stelle, Einkommen und Ansehen verlor – er wurde erst in den 1990er-Jahren in St. Gallen rehabilitiert –, hielt er fest an seinem Grund-

Einer trage
des andern Last!
Galater 6,2

satz: «Meine Hilfeleistung an die Juden war begründet in meiner christlichen Wertauffassung.»

Paul Grüninger bringt hier den fundamentalen Zusammenhang zwischen dem Gesetz Christi und der Solidarität mit Flüchtlingen jüdischen Glaubens so präzis auf den Punkt, dass wir uns heute nicht dagegen wehren können, daran unsere Haltung gegenüber Flüchtlingen aller Religionen und Kulturen zu schärfen. Mehr noch, es geht darum, am Beispiel des Verhaltens damals gegenüber den Jüdinnen und Juden unsere Haltung aktuell gegenüber Menschen in Not jeglicher Form immer wieder neu zu artikulieren und zu leben.

Dazu scheint mir der Blick in den jährlichen Rechenschaftsbericht des Regierungsrats von Appenzell Ausserrhoden kurz vor dem Ausbruch des Zweiten Weltkriegs sehr hilfreich zu sein:

> «Einreisebewilligung an Emigranten wurden 15 erteilt und 17 Gesuche abgewiesen. Auf Ende des Amtsjahres 1938/39 hielten sich in unserm Kanton 79 aus Deutschland stammende Emigranten auf, nämlich:
> → 14 israelitische Flüchtlinge, welche im Sommer 1938 illegal eingereist waren. Diese waren im Gasthaus Schäflisegg in Teufen untergebracht und für die Aufenthaltskosten kam die israelitische Flüchtlingshilfe auf.
> → 13 nichtarische evangelische Flüchtlinge, welche durch das Schweiz. kirchliche Hilfswerk für evangelische Flüchtlinge im Sozialheim ‹Sonneblick› Walzenhausen untergebracht waren.
> → 10 israelitische Flüchtlinge, die sich an verschiedenen Orten aufhielten und ihren Unterhalt aus eigenen Mitteln bestritten.
> → 39 israelitische Kinder, welche zu den 300 Kindern gehörten, für die die eidg. Fremdenpolizei die Einreise bewilligt hatte. Für den Unterhalt dieser Kinder, welche im israelitischen Kinderheim Wartheim in Heiden untergebracht waren, kam das Schweiz. Hilfswerk für Emigrantenkinder auf.»

Aus Glauben leben, verantwortlich leben – dieser Doppelklang reibt sich in Walzenhausen besonders am Verhalten der christlichen Gemeinde gegenüber Flüchtlingen jüdischen, muslimischen Glaubens, Flüchtlingen jeglicher Konfession, Religion und Kultur. Traget einer des anderen Last – das Gesetz Christi hat in Gottes Namen seinen Lackmustest in unserer Solidarität gegenüber unseren jüdischen Schwestern und Brüdern. Was vor 2000 Jahren im Brief an die christliche Gemeinde festgehalten und vor Hunderten vor Jahren auf Glocken im Kirchturm von Walzenhausen eingegossen wurde, hat seit dem 7. Oktober 2023 dramatisch an Aktualität gewonnen. Wir stehen in unserer Sorge, Angst und Trauer in der Verantwortung, einander unsere Ohren hellhörig zu machen, um im Glockenklang den Hilfeschrei nicht zu überhören.

Literaturnachweis

Willy Reifler, Ich wags, Gott vermags. 75 Jahre «Sonneblick» Walzenhausen, Herisau 2008.

Als Versöhnte Frieden stiften

Irina Bossart

Kirche ist ein Ort, wo Versöhnung, Gnade oder Erbarmen Raum bekommen und Heimatrecht haben. Der Gehalt dieser Begriffe ist ein kostbares Erbe, das viel zu einem humanen Leben beitragen kann. Die Wohltat einer Versöhnung ist wohl allen bekannt, die nach einem Streit zum Frieden zurückgefunden haben. Versöhnung ist ein Beziehungsgeschehen – zwischen Menschen, im Verhältnis von Gott und Mensch, aber auch in Bezug auf sich selbst, etwa wenn es darum geht, sich mit einem Widerfahrnis im eigenen Leben auszusöhnen.

Jesus von Nazareth hat mehrfach für Versöhnung geworben. In der Bergpredigt fordert er die Menschen sogar auf, den Gottesdienst zu unterbrechen und sich vorrangig mit jemandem zu versöhnen, wenn sie merken, dass noch ein offener Konflikt besteht (Mt 5,24). Auch das Gleichnis vom verlorenen Sohn kann unter dem Aspekt der Versöhnung gelesen werden (Lk 15,11–32).

Der Spruch auf dem Tragebalken der Empore schreibt in einer ersten Lesart das jesuanische Plädoyer für die Versöhnung fort. Bei genauerem Hinsehen lässt sich aber auch eine Verbindung zum Schriftgut des Apostels Paulus erkennen. Im zweiten Brief an die Gemeinde in Korinth schreibt er: Gott «hat unter uns aufgerichtet das Wort von der Versöhnung» (2. Kor 5,19). Paulus meint mit diesem «Wort» das Evangelium, das heisst die gute Nachricht vom versöhnenden, heilvollen Handeln Gottes in Jesus Christus. Was bedeutet das? Um diese theologische Aussage zu verstehen, müssen wir in die damalige Denkwelt eintauchen.

Nach biblischem Verständnis hat sich der Mensch von Gott entfremdet; das Verhältnis ist zerrüttet. Dadurch ist das «Bild Gottes» im Menschen verdunkelt, sodass er – als Gottes Ge-

Jesus lass dein Versöhnungswort stets bei uns bleiben fort und fort.

In Anklang an Mt 5,24 und 2. Kor 5,19

schöpf – auch sich selbst entfremdet ist. Luther spricht vom «in sich selbst verkrümmten Menschen», vom «homo incurvatus in se ipsum». Diese Verfasstheit bezeichnet die Bibel als «Sünde». Sie hat Handlungen zur Folge, die Gottes Willen entgegenlaufen.

Die Bibel benennt sehr unterschiedliche Vorstellungen, wie das getrübte Verhältnis zu Gott wiederhergestellt beziehungsweise zurückgewonnen werden kann. Der Prophet Jesaja zum Beispiel kennt die rätselhafte Figur des Gottesknechts (Jes 42; 49; 50; 52). Dieser von Gott auserwählte Gerechte bekommt den Auftrag, das Volk Israel neu zu sammeln, es zu Gott zurückzubringen und selbst zum Bund des Volkes zu werden (Jes 49, 5–6.8). Darüber hinaus soll er «als Licht der Völker» das Heil Gottes in die übrige Welt hinaustragen (Jes 49,6). Vor der Erfüllung des Auftrags allerdings wird der Gottesknecht erniedrigt, verachtet und «durchbohrt um unserer Vergehen willen, zerschlagen um unserer Sünden willen» (Jes 53,5). Im Tod des treuen Gottesknechts erfährt das Volk Sühne für seine Vergehen und wird wieder mit Gott vereint. Für uns mögen solche Vorstellungen schwer nachvollziehbar sein; sie müssen jedoch vor dem Hintergrund damaliger Denkhorizonte gelesen und verstanden werden.

Die Urkirche und mit ihr auch der Apostel Paulus haben im Gottesknecht, in seinem Auftrag und seinem stellvertretenden Sühnetod, ein Verstehensmodell für die Bedeutung von Jesus Christus gefunden: In Christus ist zur Erfüllung gekommen, was bei Jesaja «vorformuliert» war. Christus, der gottvolle Mensch, hat Befreiung gebracht. Diese Interpretation ermöglichte es, Jesu Schicksal nicht als Scheitern zu verstehen, sondern als versöhnendes, befreiendes Heilsgeschehen, das von Gott ausgeht (Röm 5,10; 2. Kor 5,19.21). Paulus schreibt: «Alles aber kommt von Gott, der uns durch Christus mit sich versöhnt hat und uns den Dienst der Versöhnung aufgetragen hat. […] Denn ich bin gewiss: Gott war in Christus und versöhnte die Welt mit sich. Er hat den Menschen ihre Verfehlungen nicht angerechnet. Und unter uns hat er das Wort von der Versöhnung aufgerichtet. […] Er hat den, der keine Sünde kannte für uns zur Sünde gemacht, damit wir durch die Verbindung mit Christus an Gottes Gerechtigkeit teilhaben» (2. Kor 5,18–19). Unter «Gerechtigkeit Gottes» wird im biblischen Sprachgebrauch die heilschaffende Macht Gottes verstanden. Luther fasste das hier Dargestellte später ins Bild vom «fröhlichen Wechsel». In seiner Schrift «Von der Freiheit eines Christenmenschen» aus dem Jahr 1520 hielt er fest: Christus, der nie gesündigt habe, mache sich selbst die Sünde der gläubigen Seele zu eigen und tue so, als hätte er sie getan, so würden die Sünden in ihm «verschlungen und ersäuft».

Die Deutung des Todes Jesu in Rückbezug auf den Gottesknecht zeigt, dass sich die beiden Testamente der Bibel nicht trennen lassen. Das Neue Testament kann ohne das Erste nicht adäquat verstanden werden. Ebenso nötig ist das Bewusstsein, dass viele biblische und theologische Ausdrucksweisen einer Welt und einem Denkraum entstammen, die nicht mehr die unseren sind. Ohne Erschliessungsarbeit geht es nicht. Im vorliegenden Zusammenhang scheint mir wesentlich: Im paulinischen Versöhnungswort kommt unsere Befreiung aus Tod und Unheil bringenden Lebensmustern zur Sprache. Durch die Verbindung mit Christus im Glauben, so die Erkenntnis von Paulus, wird uns eine neue Friedensgemeinschaft mit Gott geschenkt. Als in Gottes Frieden Ruhende (Jes 53,5; Röm 5,1) – das ist die Kernbotschaft – werden wir in die Lage versetzt, aus diesem Frieden zu leben und selbst zu Friedensstiftern zu werden (Mt 5,9).

Jesuit und Zenmeister Niklaus Brantschen erlebt dies in der Meditation. Er sagte in einem Interview: «Es ist dieser weite Raum, den ich betrete, wenn wirklich alles zurückbleibt, was mich vordergründig beschäftigt. Dieser Raum hinter der Stille ist im Grunde genommen ein anderes Wort für ‹Gott›, den ich nicht im Denken und Spekulieren finde, sondern nur, indem ich mich ihm aussetze.» Stille zu finden bedeutet für Brantschen, innerlich ruhig zu werden und aus dieser Stille kraftvoll nach aussen zu wirken, gerade auch für den Frieden.

Literaturnachweis

Interview in: forumKirche. Pfarreiblatt der Bistumskantone Schaffhausen und Thurgau, Nr. 15, 29. Juli bis 18. August 2023, S. 5.

Soli Deo Gloria – allein Gott die Ehre

Gleich an mehreren reformierten Kirchen in Ausserrhoden finden sich die Inschriften «zur Ehre Gottes», «zu Gottes Ehre» oder «Gott allein die Ehre», sei es auf einem Zier- oder Eckstein, über dem Hauptportal, am Orgelprospekt oder an einer Glocke. Beispiele dafür sind Gais, Trogen, Speicher und Heiden.

Die Formulierung «zu Gottes Ehre» weckt den Gedanken, dass das Kirchengebäude zur Ehre des Ewigen errichtet worden ist und dass das, was darin stattfindet, seiner Ehrerbietung dient. Demgegenüber tönt die Aussage «Gott allein die Ehre» schon grundsätzlicher. Tatsächlich öffnet der Vers in knappen Worten den Horizont, in dem sich das Leben eines Christen, einer Christin entfalten soll (Mt 5,16; 1. Kor 10,31).

«Gott allein die Ehre», in lateinischer Fassung «Soli Deo Gloria», mahnt an, dass einzig Gott der «Herr» respektive die massgebende Macht ist, keine sonst (5. Mose 6,40; 2 Kö 19,15; Jes 45,5). Jesus sagt dem Teufel ins Gesicht: «Es steht geschrieben: Du sollst den Herrn, deinen Gott, anbeten und ihm allein dienen» (Mt 4,10; 2. Mose 20,5). Auf Altgriechisch, in der Sprache des Neuen Testaments, heisst Teufel «diábolos» und bedeutet wörtlich «Durcheinanderwerfer» im Sinn von Verwirrer, Faktenverdreher, Verleumder und Leugner. Das «Soli Deo Gloria» kann hier zum unterscheidenden Kriterium werden gegenüber Verführungen und Verführern aller Art und gegenüber versklavenden wie auch Tod bringenden Götzenmächten.

Der Pfarrer und Dichter Kurt Marti hat 1970 auf seine Weise deutlich gemacht, wie «Machtverhältnisse» zu beurteilen sind und wem die Ehre gebührt. Die Verse seines Gedichts finden sich bei der Nummer 487 im Reformierten Gesangbuch: «Das könnte den Herren der Welt ja so passen, / wenn hier auf der Erde stets alles so bliebe, / wenn hier die Herrschaft der Herren, / wenn hier die Knechtschaft der Knechte / so weiterginge wie immer. / Doch ist der Befreier vom Tod auferstanden, / ist schon auferstanden und ruft uns jetzt alle / zur Auferstehung auf Erden, / zum Aufstand gegen die Herren, / die mit dem Tod uns regieren!»

Geklärte Verhältnisse

Benedict Schubert

«Gott allein die Ehre.» Diese kurze Formel klärt die Verhältnisse. Es ist deshalb angezeigt, sie sich so einzuprägen, dass sie uns im entscheidenden Augenblick auch in den Sinn kommt. Johann Sebastian Bach notierte unter jede seiner Kompositionen: S. D. G. – Soli Deo Gloria – Allein Gott die Ehre.

Das hilft zu unterscheiden zwischen dem, worauf es ankommt, und dem, was nebensächlich, unwesentlich, flüchtig ist. Dass dem Ewigen und nur dem Ewigen Ehre gebührt, ist eines der Grundmotive, die sich durch die ganze Bibel ziehen. Die knappen drei Worte «Zur Gottes Ehre», erst recht alle die Texte, die dieses Bekenntnis entfalten, sind subversiv. Sie stören, widersprechen, mahnen, spotten, protestieren, klagen, jubeln trotzig, wo irgendwelche Menschen meinen, die Welt müsse sich um sie drehen, wenigstens ihre kleine Welt.

Diejenigen, die Gottes Stimme hören, stimmen im Gegenteil noch so gern ein in dieses Bekenntnis, das zugleich Wunsch und Bitte ist. Psalm 115 formuliert es als Auftakt, um es dann zu entfalten: «Es geht nicht um uns, Herr, – nicht um uns, sondern um deinen Namen. Lass uns deinen Namen in Ehren halten, wegen deiner Güte und deiner Treue» (Ps 115,1).

Was meinen wir mit «ehren»? Achten. Respektieren. Schätzen. Wertschätzen. Jede, jeder hat ihre Würde, die wir achten sollen. (Leider wissen wir nur zu genau, wie sich das Gegenteil von «ehren» ausdrückt und anfühlt.)

Wo es um Gott geht, spielen die Macht- und Möglichkeitsverhältnisse eine Rolle. Dann heisst «ehren»: Anerkennen, dass etwas mich übersteigt. Zugeben, dass meine Möglichkeiten begrenzt sind. Erkennen, wo Licht herkommt, und darauf zugehen. (Luther hätte mit dem Ausdruck gespielt: «Mein Herz hängen an …») Erleichtert die Proportionen wahrnehmen und wahren.

Gott allein die Ehre.

Reformiertes Leitwort in
Anklang an Römer 16,27 oder
Philipper 4,20

«Zu Gottes Ehre» hat nach Psalm 115 eine doppelte Wirkung: Schutz und Vertrauen. Es schützt erstens vor dem, was die Bibel unbefangen «Götzendienst» nennt. Das meint nicht Überheblichkeit gegenüber anderen religiösen Traditionen. «Götzendienst» wird dann geleistet, wenn Menschen, Institutionen, Dinge mit Gott verwechselt werden. Ihnen wird eine Macht zugestanden, die sie nicht haben sollen; und wir geben unsere Freiheit auf. Geld und Reichtum – Jesus spricht vom Götzen «Mammon» – gehören auf die Liste dessen, was zum Götzen werden kann. Zu betonen ist dieses «kann»: Geld ist nicht per se teuflisch, ebenso wenig wie beispielweise «Macht», «Identität», «Nation», «Gesundheit», «Sex», «mediale Aufmerksamkeit», «Ich». Vermutlich weiss jeder, jede, wem und was gegenüber er oder sie für sich selbst als Gegenmittel «Allein Gott in der Höh sei Ehr» anstimmen sollte.

«Gott allein die Ehre» ist zweitens Ausdruck von Vertrauen und Dankbarkeit. Die Gott ehren, öffnen die Arme, um zu empfangen, was Gott ist und was von Gott kommt: Liebe. Segen. Hilfe. Das tun sie ausdrücklich auch dann, wenn dieses dankbare Lob im schmerzlichen Widerspruch steht zum Augenschein oder gar zur eigenen unmittelbaren Erfahrung.

«Zur Ehre Gottes» ist ein Glaubenssatz; ich sage damit, dass ich mich darauf einlasse und darauf verlasse: Es muss doch mehr als alles geben. Die Wirklichkeit ist grösser und tiefer als das, was ich feststellen und überprüfen kann. Sie geht weiter über das hinaus, worauf ich Einfluss nehmen kann, und erst recht über das, was ich im Griff habe. «Gott zur Ehre»: Ich glaube, ich baue darauf, dass hinter, unter, über allem Gott ist. Und dass Gott es gut mit uns meint.

«Gott allein die Ehre.» Das letzte Buch der Bibel, die Apokalypse, enthüllt die Wirklichkeit nicht als apokalyptisches Grauen. Sie besteht nicht vor allem aus verstörenden Schreckensvisionen; Struktur und Rhythmus sind bestimmt von Lobgesängen. In diesen Hymnen hören wir das Echo dessen, was die «himmlischen Heerscharen» in der Heiligen Nacht sangen. Die Botinnen Gottes übersetzen das Geheimnis der Wirklichkeit so, dass wir es ahnungsweise begreifen; sie füllen die ganze Welt – und sogar unser Herz – mit dem Jubel: «Ehre sei Gott in der Höhe und Friede auf Erden den Menschen, die Gott liebt.»

Gott mehr gehorchen

Oliver Ittensohn

Drei ausserordentliche Schweizer Persönlichkeiten mit engem Bezug zum Appenzeller Vorderland prägten das 20. Jahrhundert. Der christliche Glaube bildete ihr Fundament – Willenskraft und Tatendrang waren ihre Werkzeuge, Nächstenliebe der Ansporn.

Eigentlich möchte Jakob Künzler (1871–1949) aus Hundwil in Appenzell Ausserrhoden Missionar werden, doch das Einkommen der Familie reicht für die Ausbildung nicht aus. Seinen Vater hat er in jungen Jahren bereits verloren. Um seine Familie zu unterstützen, arbeitet er während seiner Schulzeit als Fädler und Sticker. Mehr durch Zufall kann er 1893 eine Ausbildung als Krankenpfleger am Basler Diakonenhaus absolvieren und stellt damit die Weichen für sein späteres Leben. Als 28-Jähriger kommt er nach Urfa, in die heutige Türkei und arbeitet im dortigen Missionsspital. Urfa ist zu dieser Zeit eine ethnisch und religiös durchmischte Stadt: Türkische, arabische, kurdische, armenische, christliche, jüdische und griechische Menschen sind dort wohnhaft. Künzlers Talent für fremde Sprachen und seine offene, tolerante Art werden geschätzt. Seine Frau Elisabeth hilft tatkräftig mit. Mit dem Ausbruch des Ersten Weltkriegs wird das Zusammenleben in Urfa aber schwieriger. Das Osmanische Reich – im Bündnis mit Deutschland und Österreich-Ungarn – wendet sich gegen christliche Minderheiten, allen voran gegen die armenische und wirft ihnen heimliche Unterstützung des Kriegsgegners Russland vor. Als Hochverräter werden sie des Landes verwiesen. Der Weg vieler Exilierten führt über Urfa. Das Ehepaar Künzler erlebt die grausamen Geschehnisse hautnah mit. Mit vereinten Kräften unterstützen sie die Flüchtlinge, wo und wann immer ihnen das möglich ist.

Ich aber und
mein Haus
wollen dem
Herrn dienen.
Josua 24,15

Zwischen ihren Einsätzen zieht es die Künzlers immer wieder in die Schweiz zurück. Und doch: Die von Gott auferlegte Aufgabe bleibt für Jakob Künzler eine Lebensaufgabe: «Wenn mich meine Lieben fragen: ‹Möchtest du nicht lieber hier bleiben in diesem schönen Lande, und nicht mehr hinausziehen ins Land Abrahams?› so antworte ich: ‹O, es ist unbeschreiblich schön auf deinen Auen, du wunderschöne Schweiz. Jedoch – ich muss nach Urfa, mich ziehts dorthin.›»

Die Verbindung zu Gott zum Beruf gemacht hat der evangelische Pfarrer und Seelsorger Paul Vogt (1900–1984). Eine seiner ersten Pfarreistellen führt in die Ausserrhoder Gemeinde Walzenhausen. Die Not ist gross, soziale Unruhen belasten die Gesellschaft. Für ihn steht fest: Die sozialen Probleme entspringen der hohen Arbeitslosigkeit, dem Alkoholmissbrauch und dem mangelnden Gottvertrauen. Sofort handelt er, kauft ein leerstehendes «Stickerhämetli» über dem Dorf und gründet das Evangelische Sozialheim «Sonneblick». In seinen Räumlichkeiten werden verschiedene Arbeits- und Bildungsprogramme angeboten sowie das christliche Zusammenleben gefördert.

Ein paar Jahre später – Vogt ist seit 1936 Pfarrer in Zürich-Seebach – beunruhigen ihn die Entwicklungen im Deutschland der 1930er-Jahre. Mit wachsender Bestürzung verfolgt er die Machtergreifung der Nationalsozialisten. Vogt wird aktiv. Sein Umfeld verpflichtet er auf seine Ideale. Unbeirrt sensibilisiert er weite Kreise der Schweizer Bevölkerung für die Flüchtlingsnot und motiviert sie zum Handeln. Er schreibt Briefe, verfasst Gedichte, hält Vorträge und platziert unzählige Artikel in der Evangelischen Monatszeitung «Das Abendrot». Die Gräueltaten im Zweiten Weltkrieg führen ihn in eine Lebenskrise und prüfen seinen Glauben an die Menschheit. Doch sein Tatendrang wird gestärkt und führt ihn zu seiner humanitären Mission. Sein Sozialheim «Sonneblick» macht er zum Flüchtlingsheim. Bei vielen weiteren sozialen Initiativen ist er federführend: Er organisiert Reisepässe für die Verfolgten, bucht ihnen Ausreisen in sichere Länder und kümmert sich um ihre seelsorgerischen und wirtschaftlichen Anliegen.

Knapp tausend Kilometer von Zürich entfernt – in Budapest – leitet zur gleichen Zeit der Appenzeller Carl Lutz (1895–1975) als Vizekonsul die sogenannte Schutzmachtabteilung der Schweizer Gesandtschaft. Mit grosser Besorgnis beobachtet er die Machtübernahme der Nationalsozialisten in der Stadt. Im Jahr 1944 nimmt die kompromisslose Verfolgung der jüdischen Bevölkerung ihren unheilvollen Lauf. Lutz zerbricht sich den Kopf, wie er diese Menschen vor dem sicheren Tod bewahren kann. Durch einen geschickten Schachzug gelingt es ihm, eine Vielzahl an jüdischen Leben zu retten. In Eigenregie stellt er sogenannte «Schweizer Schutzbriefe» aus. Auf offiziellem Papier der Schweizer Botschaft gedruckt, verbrieft das Dokument dem Träger den offiziellen Schutz der Schweiz. Eine reine Erfindung von Lutz, die Behörden in Bern wissen davon nichts. Dieses Dokument rettet in der Folge Tausende von Menschen vor Verfolgung, Gewalt und Tod in Vernichtungslagern.

Drei Persönlichkeiten, welche die Menschen in ihrer Zeit mit humanitärer Hilfe auf tiefgreifende Art und Weise prägten. Jede auf ihre Weise, aber auf dem Fundament ihres Glaubens. Und dieses Fundament wankte nicht.

Literaturnachweis

Jakob Künzler hat in regelmässigen Abständen in einer kleinen Monatsschrift mit dem Titel «Der christliche Orient» von seinen Erlebnissen berichtet. Das Zitat stammt aus dem Septemberheft 1903.

Mehr Informationen und audiovisuelles Material zu den drei Persönlichkeiten finden sich auf: https://friedens-stationen.ch/.

Autorinnen- und Autorenverzeichnis

Anker, Andrea, Pfarrerin in Teufen.

Bossart, Irina, Dr. theol. und lic. phil. I, Theologin und Historikerin, Pfarrerin in Stein AR.

Eisenhut, Heidi, promovierte Historikerin, seit 2006 Leiterin der Kantonsbibliothek Appenzell Ausserrhoden in Trogen.

Famos, Rita, ordinierte Pfarrerin, seit 2021 Präsidentin der Evangelisch-reformierten Kirche Schweiz als erste Frau in diesem Amt; Mitglied des Schweizerischen Rates der Religionen und des Rates der Gemeinschaft Evangelischer Kirchen Europas.

Frefel, Sandro, Historiker, Landesarchivar des Kantons Appenzell Innerrhoden.

Grözinger, Albrecht, emeritierter Professor für Praktische Theologie an der Universität Basel.

Hell, Daniel, emeritierter Professor für Psychiatrie und Psychotherapie, Buchautor, als Psychiater und Psychotherapeut in eigener Praxis an der Privatklinik Hohenegg in Meilen tätig.

Hesse, Ulrike, Pfarrerin in Rehetobel.

Hubmann, Verena, 15 Jahre Pfarrerin im Appenzellerland, in Schwellbrunn und Teufen, seit Sommer 2023 in Schaffhausen im Pfarramt St. Johann-Münster.

Ittensohn, Oliver, Historiker, Wissenschaftlicher Mitarbeiter im Stadtarchiv der Ortsbürgergemeinde St. Gallen, im Vorstand der «Appenzeller Friedens-Stationen».

Joerg, Urs, reformierter Pfarrer im Ruhestand, bis 2008 Generalsekretär der Schweizerischen Bibelgesellschaft, bis 2023 Präsident der Basler Bibelgesellschaft.

Lähnemann, Johannes, Prof. em. Dr. theol., von 1981 bis 2007 Inhaber des Lehrstuhls für Religionspädagogik und Didaktik des Ev. Religionsunterrichts an der Universität Erlangen-Nürnberg; Arbeitsschwerpunkte: interreligiöser Dialog, interreligiöses Lernen, Religionen und Friedenserziehung.

Opitz, Peter, Prof. em. Dr. theol., von 2009 bis 2022 Lehrstuhlinhaber für Kirchen- und Dogmengeschichte von der Reformation bis zur Gegenwart an der Universität Zürich.

Naegeli, Antje Sabine, evangelische Theologin, Logotherapeutin und Existenzanalytikerin (Psychotherapie nach Prof. V. E. Frankl), Seelsorgerin, Autorin zahlreicher Bücher.

Näf Bernhard, Ruth, Pfarrerin im Ruhestand, Autorin aus Winterthur.

Peter, Niklaus, Dr. theol., bis 2021 Pfarrer am Fraumünster in Zürich, Kolumnist und Autor.

Roth, Peter, Musiker, Komponist, Chorleiter.

Sallmann, Martin, Prof. Dr. theol., Inhaber des Lehrstuhls für Neuere Geschichte des Christentums und Konfessionskunde an der Universität Bern.

Schewe, Susanne, Dr. theol., Pfarrerin in Trogen.

Schmid, Konrad, Prof. Dr. theol., Inhaber des Lehrstuhls für alttestamentliche Wissenschaft und frühjüdische Religionsgeschichte an der Theologischen Fakultät der Universität Zürich.

Schröder-Field, Caroline, Dr. theol., Münsterpfarrerin in Basel. Erste Gewinnerin des Schweizer Predigtpreises.

Schubert, Benedict, war Pfarrer an der Peterskirche in Basel, davor Studienleiter bei mission 21 mit einem Lehrauftrag in Interkultureller Theologie, dies nach mehreren Jahren Tätigkeit in Angola; Mitglied der Kommunität Don Camillo (montmirail.ch).

Sigrist, Christoph, PD Dr. theol., Diakoniewissenschaftler, bis 2024 Pfarrer am Grossmünster in Zürich.

Steffensky, Fulbert, Prof. em. Dr. theol., lehrte Religionspädagogik an der Universität Hamburg; zahlreiche Veröffentlichungen; lebt heute in Luzern.

Stricker, Alfred, Regierungsrat, Vorsteher des Departementes Bildung und Kultur des Kantons Appenzell Ausserrhoden.

Sutter Rehmann, Luzia, Prof. Dr. theol., Titularprofessorin an der Universität Basel für Neues Testament, ordinierte Pfarrerin, Radiopredigerin, Präsidentin der Marga Bührig Stiftung.

Syring, Lars, Pfarrer in Bühler.

Tapernoux-Tanner, Martina, Kirchenratspräsidentin der Evangelisch-reformierten Landeskirche beider Appenzell, Pfarrerin in Heiden.

Wengst, Klaus, Prof. em. Dr. theol., von 1981 bis 2006 Inhaber des Lehrstuhls für Neues Testament an der Ruhr-Universität Bochum; lebt seit 2019 in Braunschweig.

Witschi, Peter, Dr. phil., ehemaliger Staatsarchivar des Kantons Appenzell Ausserrhoden.

Eckdaten zu den reformierten Kirchen in beiden Appenzell

Appenzell → Glockeninschrift, Eingangsportal
Anfänglich verfügte die reformierte Minorität in Innerrhoden über keine eigene Kirche; sie feierte über Jahrzehnte ihre Gottesdienste im grossen Ratssaal und später in einem Haus an der Hauptgasse. 1908/09 erfolgte der erste Kirchenbau nach einem Entwurf des Architekten Adolf Staehelin. 1973 Neugestaltung des Chors unter der Mitwirkung des Bildhauers Hans Ulrich Steiger. Letzte Renovation 2023.

Bühler → Seitenwand
Nach dem Baubeginn im April 1723 wurde am 8. Mai der Grundstein gelegt und am 24. November die Einweihung der Kirche gefeiert. Die Gesamtleitung oblag Lorenz Keller und Jakob Grubenmann. 1828/29 Neubau des Turms. Mehrere Renovationen und Umgestaltungen, zuletzt 2019. Die farbenfrohen Chorfenster gestaltete Käthi Wüthrich zusammen mit Konfirmandinnen und Konfirmanden.

Gais → Orgelprospekt
Der älteste Kirchenbau fällt in die Zeit zwischen 1275 und 1333; 1460 Neubau, 1485 Erweiterung. 1753 umfassende Erneuerung durch Baumeister Hans Ulrich Grubenmann. 1780 Zerstörung durch einen Dorfbrand. 1781/82 Wiederaufbau respektive Neubau durch Meister Hans Jakob mit Sohn Hans Ulrich Haltiner.

Grub → über der Kanzel, Seitenwand
Eine erste, dem heiligen Gallus geweihte Kapelle wird 1474 urkundlich erwähnt. Im Zuge der Reformation wurde sie evangelisch geprägt, von 1589 bis 1751 paritätisch genutzt. Im Jahr

1752 Neubau durch Jakob Grubenmann. Mehrere Renovationen, zuletzt 2019. Die farbigen Chorfenster hat Köbi Lämmler geschaffen.

Heiden → Chorwand
Einweihung der ersten Kirche anno 1652. Beim Dorfbrand von 1838 wurde sie zerstört, kurz nach Beginn der Arbeiten für einen Neubau. 1840 Fertigstellung der neuen Querkirche in klassizistischem Stil nach Plänen von Felix Wilhelm Kubly. Eine weitere Brandkatastrophe zog 1936 die Kirche in grosse Mitleidenschaft. Architekt Ernst Hänny leitete den Wiederaufbau, wobei sie zur Längskirche umgestaltet wurde; 1938 Einweihung. Das Glasgemälde mit dem Motiv der Brotvermehrung schuf Ludwig Jäger nach einem Entwurf des Sohnes von Ernst Hänny.

Herisau → Chorfenster
Im Jahr 907 wird erstmals eine Kirche erwähnt; sie ist dem «Salvator» (Erlöser) geweiht. 1516 bis 1520 Neubau, mitfinanziert durch Ablassgeld. Ab 1559 mehrere Umgestaltungen und Renovationen; zuletzt 2023. Die Glasgemälde im Chor von 1961 sind ein Werk von Köbi Lämmler.

Hundwil → Orgelprospekt
Eine Urkunde von 1297 lässt auf eine erste Kirche oder Kapelle schliessen; Patrozinium der Apostel Peter und Paul. Mehrere Umgestaltungen und Erneuerungen; 1913 erhielt der Innenraum die heutige Gestalt. Der auffällig hohe Turm wurde 1894 neu errichtet.

Rehetobel → Chorfenster
Anno 1668 erteilte die Landesobrigkeit die Erlaubnis zum Kirchenbau; 1669 Einweihung. Aufgrund des starken Bevölkerungszuwachses entschied sich die Gemeinde 1737 für einen Neubau nach Plänen und unter der Leitung von Jakob Grubenmann. 1890 brannte die Kirche ab. 1821/92 Wiederaufrichtung

in neugotischem Stil nach Plänen von Karl Ramseyer. Die Chorfenster schufen Fredi und Ida Kobel 1991.

Reute → Chorwand, Taufstein
Grundsteinlegung der Kirche 1687 und Einweihung 1688. Die «Himlete», die schöne Kirchendecke, wurde jedoch erst 1706 eingezogen und ist glücklicherweise erhalten geblieben. Reute ist die einzige Kirche aus dem 17. Jahrhundert in Ausserrhoden, die ihren ursprünglichen Kirchenhimmel bewahrt hat, trotz mehrerer Renovationen. Der Taufstein aus dem Jahr 1687 ist ein Werk des Steinmetzen Daniel Keller von Staad bei Rorschach.

Schönengrund → über der Tür
Erster Kirchenbau in den Jahren 1720/21. Mehrere Umbauten und Renovationen, zuletzt 2009. Die Wahl des Wandspruches geht auf Pfarrer Harald Greve (1956–2022) zurück, Pfarrer daselbst von 2009 bis 2022.

Schwellbrunn → Glockeninschrift
Nach der Grundsteinlegung am 13. April 1648 konnte die Kirche bereits am 22. Oktober 1648 eingeweiht werden. Seither mehrere Renovationen, zuletzt im Jahr 2014, wobei die Kanzel entfernt und die festen Sitzplätze reduziert wurden.

Speicher → Eckstein, Glockeninschrift
Eine erste Kirche entstand 1614. Sie wurde 1723 durch eine grössere ersetzt. Ein Blitzeinschlag führte 1808 bis 1810 zum Bau der heutigen Kirche, nach einem Entwurf von Landschreiber Johann Heinrich Tobler und unter der Leitung von Konrad Langenegger. Später mehrere Renovationen, zuletzt 1966. Auf dem Eckstein in der Südwestecke steht in goldener Inschrift: «Geleget ist zu Gottes Ehre / zum Tempel wahrer Christus Lehre / Der Ekstein den ich hier betracht' / im Jahr tausend achthundertacht.»

Stein → Medaillon, Emporenbrüstung
Nach der Grundsteinlegung am 2. Mai 1749 durch Baumeister Jakob Grubenmann konnte die Kirche am 28. November im selben Jahr eingeweiht werden. Für den Bau wurden gemeindeeigene Materialien verwendet. Mehrere Veränderungen und Renovationen, zuletzt 1983 mit einer lichteren Gestaltung des Chorraumes.

Teufen → Abendmahlstisch
1479 baten die Teufner den Abt von St. Gallen «ain nüwe Kilch zu Tüffen zemachen». Noch im gleichen Jahr wurde sie aufgerichtet und Johannes dem Täufer geweiht. 1776 bis 1779 Abriss der alten Kirche und Bau der heute noch bestehenden Kirche durch Baumeister Ulrich Grubenmann. Mehrere Renovationen und Umgestaltungen. Der Innenraum erhielt sein heutiges Gepräge 1959/60.

Trogen → Deckenbild
Ein erstes Gotteshaus wird 1459 urkundlich erwähnt; damals baten die Landleute von Trogen den zuständigen Bischof von Konstanz ihre Kirche zu einer Pfarrkirche zu erheben. 1619 erfolgte ein Neubau. 1777 beschädigte ein Erdbeben die Kirche stark. 1779 bis 1782 Neubau durch Hans Ulrich Grubenmann. Die Deckengemälde wurden von Ursula Wolf-Zellweger allein oder zusammen mit ihrem Ehemann Johann Conrad gestiftet. Als Maler vermutete Eugen Steinmann Jakob Joseph Müller (1729–1801). Die Gemälde gelten als frühes Zeugnis einer szenischen Ausmalung in einer reformierten Kirche.

Urnäsch → Türsturz/Ausgang, Tragebalken Emporenbrüstung
Ein erster Kirchenbau ist für das Jahr 1414 dokumentiert (Patrozinium: Jakobus und Philippus). Nach dem Dorfbrand von 1641 Wiederaufbau. Seither mehrere Renovationen; letzte Innenerneuerung samt heutiger Ausstattung 1998, letzte Aussensanierung 2021. Hinter der Orgel versteckt sich ein Wandbild, das Jesus und die schlafenden Jünger im Garten Gethsemane

zeigt. Abendmahlstisch, Taufbecken, Lesepult und Kerzenständer aus Eiche sind Werke der Bildhauerin Ingrid Tegenbroek.

Wald → Glockeninschrift, Chorwand

Die Kirche entstand in den Jahren 1686 bis 1687 im Zug der Loslösung der Gemeinde von Trogen unter der Leitung der Landesbauherren Matthias Bruderer und Hermann Tobler. Später mehrere Erneuerungen und Anpassungen, zuletzt 1984/85.

Waldstatt → Chorwand

Der Baubeginn erfolgte am 28. April 1720, die Grundsteinlegung am 4. Mai und die Einweihung am 30. Oktober desselben Jahres; ganz fertiggestellt war die Kirche am 16. Juli 1721. Nach mehreren Renovationen kam es 1874 zu einem Neubau. Letztmals wurde die Kirche 1987 erneuert. Die aus Sandstein gestaltete Chorwand entstand 1988.

Walzenhausen → Glasfenster, Glockeninschrift

Die bestehende Kirche stammt aus dem Jahr 1638. Hauptinitiant und Promotor war Johann Konrad Künzler. Seither mehrere Renovationen und Umbauten. 1764 neuer Turmaufbau durch Johann Grubenmann nach einem Blitzeinschlag; 1962 Entfernung der nördlichen Seitenempore; 1999 Schaffung eines integrierten Kirchgemeinderaumes sowie Neugestaltung des Foyers. Die Chorfenster des Glasmalers Oskar Berbig wurden 1927 eingesetzt.

Wolfhalden → halbrunde Lünette, Glasfenster, Kanzel

1652 erster Kirchenbau, zeitgleich mit Heiden. Mehrere Renovationen mit leichten Veränderungen, etwa der Einfügung der noch vorhandenen Lünette und des Rundfensters. Der neugotische Orgelprospekt samt Kanzel von 1887 ist eine Ausführung nach Plänen von August Hardegger. Bei der letzten Renovation von 2010/11 wurde die Anzahl Kirchenbänke reduziert.

Weiterführende Literatur

Reformation im Appenzellerland

Ehrensperger, Alfred, Der Gottesdienst im Appenzellerland und Sarganserland-Werdenberg vor, während und nach der Reformation bis circa 1700, Zürich 2015.

Fischer, Rainald, Studien zur Geschichte der Reformation im Lande Appenzell, in: Innerrhoder Geschichtsfreund, Bd. 9, Appenzell 1962, S. 3–40.

Fischer, Rainald, Von der Reformation zur Landteilung, in: Appenzeller Geschichte, Bd. 1: Das ungeteilte Land, hg. von den Regierungen der beiden Halbkantone Appenzell, Urnäsch 1964, S. 401–538.

Frefel, Sandro, Das Land Appenzell vor der Reformation, in: Neujahrsblatt, hg. vom Historischen Verein des Kantons St. Gallen, Bd. 157, St. Gallen 2017, S. 178.

Frey, Felix (Hg.), Hügellandschaft in Aufruhr. Die Reformation im Kanton Appenzell nach der Beschreibung von Walter Klarer, Herisau 2017.

Fuchs, Thomas, Die Reformation im Eidgenössischen Ort Appenzell, in: Appenzellische Jahrbücher, Heft 145, Herisau 2018, sowie in: Neujahrsblatt, hg. vom Historischen Verein des Kantons St. Gallen, Bd. 158, St. Gallen 2018, S. 184.

Hirzel, Willy, Walter Klarer 1499–1567. Ein Bahnbrecher der Reformation im Land Appenzell, Herisau 1967.

Stark, Franz, Die Reformation, in: Appenzeller Geschichte, Bd. 1: Das ungeteilte Land, hg. von den Regierungen der beiden Halbkantone Appenzell, Urnäsch 1964, S. 303–400.

Weishaupt, Achilles, 125 Jahre Evangelisch-reformierte Kirchgemeinde Appenzell, hg. von der Evangelischen Kirchgemeinde Appenzell, Speicher 2000.

Willi, Johannes, Die Reformation im Lande Appenzell, Trogen 1924.

Schweizerische Reformation und reformierte Identität

Busch, Eberhard, Reformiert. Profil einer Konfession, Zürich 2017.

Campi, Emidio, et al., Die Schweizerische Reformation. Ein Handbuch, Zürich 2017.

Krieg, Matthias und Zangger-Derron, Gabrielle, Die Reformierten. Suchbilder einer Identität, 2. Auflage, Zürich 2003.

Glaube aus evangelischer Perspektive

Evangelischer Erwachsenenkatechismus. Suchen – glauben – leben, 9., neu bearbeitete und ergänzte Auflage, Hannover 2013.

Geistliches Wunderhorn. Grosse deutsche Kirchenlieder, herausgegeben und erläutert von Hansjakob Becker et al., München 2009.

Die Tradition des Tauf- und Konfirmationsspruchs

Als typisch evangelisch gilt die Tradition, zur Taufe und zur Konfirmation einen Bibelvers auszuwählen und der betreffenden Person an der Tauffeier beziehungsweise bei der Konfirmation zuzusprechen.

Der Brauch ist im protestantisch geprägten Raum seit etwa 1800 üblich. Sein Ursprung ist in den Herrnhuter Losungen zu suchen. Am 3. Mai 1728 hatte Nikolaus Ludwig Graf von Zinzendorf der Herrnhuter Gemeinde ein kurzes Bibelwort für den kommenden Tag zugesprochen. Drei Jahre später kam die erste gedruckte Sammlung mit Losungen heraus, die bis heute alljährlich erscheint und für jeden Tag ein Bibelwort aus dem Alten und dem Neuen Testament, kombiniert mit einem Liedvers und einem Gebet, bereithält.

Wir laden Sie, liebe Leserin, lieber Leser, ein, hier Ihren persönlichen Tauf- und Konfirmationsspruch zu notieren.

Abkürzungsverzeichnis

Alttestamentliche Schriften

1. Mose	Das erste Buch Mose
2. Mose	Das zweite Buch Mose
Ex	Exodus: entspricht dem 2. Buch Mose
3. Mose	Das dritte Buch Mose
5. Mose	Das fünfte Buch Mose
1. Kö	Das erste Buch der Könige
Ps	Die Psalmen
Jes	Der Prophet Jesaja
Jer	Der Prophet Jeremia

Neutestamentliche Schriften

Mt	Das Evangelium nach Matthäus
Mk	Das Evangelium nach Markus
Lk	Das Evangelium nach Lukas
Joh	Das Evangelium nach Johannes
Apg	Die Apostelgeschichte
Röm	Der Brief an die Römer
2. Kor	Der zweite Brief an die Korinther
1.Thes	Der erste Brief an die Thessalonicher
Gal	Der Brief an die Galater
1. Petr	Der erste Brief des Petrus
1. Joh	Der erste Brief des Johannes
Off	Die Offenbarung

Andere

RG	Reformiertes Gesangbuch (Ausgabe von 1998)
ZS	Huldrych Zwingli Schriften, IV Bände, hg. von Thomas Brunnschweiler und Samuel Lutz, TVZ, Zürich 1995

Dank

Folgenden Institutionen und Stiftungen danken wir
für die grosszügige finanzielle Unterstützung

Peter und Huldi Aeschbacher-Stiftung
Johannes und Hanna Baumann-Stiftung
Evangelisch-reformierte Landeskirche beider Appenzell
Steinegg-Stiftung
Stiftung pro Innerrhoden
Dr. Fred Styger-Stiftung
Tisca Stiftung

Herausgeberin: Synodale Projektkommission der Evangelisch-reformierten Landeskirche beider Appenzell

Konzept und Redaktion: Irina Bossart
Fotos: Marcel Steiner
Gestaltung: Brigitte Knöpfel
Lektorat: Yvonne Steiner
Druck: Appenzeller Druckerei, Herisau

ISBN 978-3-85882-899-6